만화로 보는

한국을 빛낸 100명의 위인들

한국을 빛낸 100명의 위인들 노랫말

1절

아름다운 이 땅에 금수강산에
단군 할아버지가 터 잡으시고
홍익인간 뜻으로 나라 세우니
대대손손 훌륭한 인물도 많아
고구려 세운 동명왕 백제 온조왕
알에서 나온 혁거세
만주 벌판 달려라 광개토 대왕
신라 장군 이사부
백결 선생 떡방아 삼천 궁녀 의자왕
황산벌의 계백 맞서 싸운 관창
역사는 흐른다.

2절

말 목 자른 김유신 통일 문무왕
원효 대사 해골 물 혜초 천축국
바다의 왕자 장보고 발해 대조영
귀주 대첩 강감찬 서희 거란족
무단 정치 정중부 화포 최무선
죽림칠현 김부식
지눌 국사 조계종 의천 천태종
대마도 정벌 이종무
일편단심 정몽주 목화씨는 문익점
해동공자 최충 삼국유사 일연
역사는 흐른다.

3절

황금을 보기를 돌같이 하라
최영 장군의 말씀 받들자
황희 정승 맹사성 과학 장영실
신숙주와 한명회 역사는 안다.
십만양병 이율곡 주리 이퇴계
신사임당 오죽헌
잘 싸운다 곽재우 조헌 김시민
나라 구한 이순신
태정태세문단세 사육신과 생육신
몸 바쳐서 논개 행주치마 권율
역사는 흐른다.

4절

번쩍번쩍 홍길동 의적 임꺽정
대쪽 같은 삼학사 어사 박문수
삼 년 공부 한석봉 단원풍속도
방랑 시인 김삿갓 지도 김정호
영조 대왕 신문고 정조 규장각
목민심서 정약용
녹두 장군 전봉준 순교 김대건
서화가무 황진이
못 살겠다 홍경래 삼일천하 김옥균
안중근은 애국 이완용은 매국
역사는 흐른다.

5절

별 헤는 밤 윤동주 종두 지석영
삼십삼인 손병희
만세 만세 유관순 도산 안창호
어린이날 방정환
이수일과 심순애
장군의 아들 김두한
날자꾸나 이상 황소 그림 중섭
역사는 흐른다.

대림아이
첫술에 배부른 역사 시리즈 **03**

만화로 보는

한국을 빛낸 100명의 위인들

문연정 글 | **이창우** 그림

대한 독립 만세!

대림아이

차례

1절

2절

3절

4절

5절

1절에 나온 위인들

단군왕검
동명왕
온조왕
혁거세
광개토 대왕
이사부
백결 선생
의자왕
계백
관창

1 우리나라 최초의 나라를 세운 단군왕검

시대	고조선
출생-사망	?~?
직업	왕, 제사장

<삼국유사>에 따르면 하늘의 왕 환인에게는 환웅이라는 아들이 있었어.
아들아
예, 아버지.
환웅은 인간 세상에 살고 싶었어.
인간 세상이 너무 궁금해.
또 인간 세상을 내려다 보는구나.
그래서 바람, 비, 구름을 다스리는 신하와
나는 바람의 신!
나는 구름의 신!
우리는 날씨 삼총사
나는 비의 신!
3,000명의 무리를 이끌고 내려와 인간 세상을 다스렸어.
널리 인간을 이롭게 하라!
네!

어느 날 곰과 호랑이가 환웅을 찾아왔어.
사람이 되고 싶어요!
100일 동안 햇빛을 보지 않고 쑥과 마늘을 먹으면 사람이 될 것이다.
호랑이는 참지 못하고 동굴을 뛰쳐나갔고, 곰은 참고 견뎠어.
고기 먹고 싶다. 난 못 해!
어흥
곰은 마침내 사람이 되었어. 여자가 된 웅녀는 환웅과 결혼해 단군왕검을 낳았단다.
웅녀, 나와 결혼합시다.
네!
단군왕검은 자라서 왕이 되었고, 우리나라 최초의 나라를 세웠어.
나라 이름을 '고조선'이라고 하겠다.
고조선

기원전 2333년 단군왕검은 우리나라 최초의 나라 고조선을 세웠어요. 고조선의 건국 이념은 홍익인간으로 '널리 인간을 이롭게 한다.'는 뜻이에요. 고조선은 우수한 청동기 문화를 바탕으로 힘을 키워 나갔답니다.

2 고구려를 세운
동명왕

시대	고구려
출생-사망	기원전 58년~기원전 19년
직업	왕

어느 날 부여의 왕인 금와왕이 울고 있는 유화를 만났어.
아버지는 제가 하느님의 아들인 해모수와 몰래 결혼했다며 쫓아냈습니다.
흑흑
저런, 나와 함께 궁궐로 갑시다.
궁궐로 온 유화는 얼마 후 알을 낳았어.
화들짝
세상에, 사람이 알을 낳다니!
금와왕이 알을 버리자 새들이 알을 품어 주었어. 결국 금와왕은 유화에게 알을 돌려주었어.
헉!
새들이 알을 보호해 주고 있어! 유화에게 돌려줘야겠군.
그리고 알에서 건강한 사내아이가 태어났어. 그 아이가 바로 주몽이야.
응애!

금와왕은 재주 많은 주몽을 아꼈어. 그러자 금와왕의 아들들은 주몽이 왕이 될까 봐 불안했어. 주몽은 이를 눈치채고 서둘러 떠났어.
백발 백중
형님, 저 녀석을 없애 버립시다.
아버지는 주몽만 예뻐해.
주몽이 떠나자 왕자들은 군사를 보내 주몽을 뒤쫓았어. 그런데 강에 다다랐을 때 배가 없는 거야.
큰일 났다. 강을 건널 수가 없어.
다다다
다다
주몽은 강을 향해 큰 소리로 외쳤어.
나는 강의 신 하백의 손자이자, 해모수의 아들이다! 내가 강을 건널 수 있게 하라.
그러자 물고기와 자라가 다리를 놓아 주었어. 주몽은 무사히 강을 건너 졸본에 도착했단다.
우리가 다리를 만들어 드릴게요.
고맙다.
어서 건너세요!

주몽은 '활을 잘 쏘는 사람'이라는 뜻이에요.

부여를 떠난 주몽은 졸본 지역에 도착해 고구려를 세우고 동명왕이 되었어요.

고구려는 이웃 나라들을 정복하며 점점 강한 힘을 갖게 되었어요.

3 백제를 세운 온조왕

시대	백제
출생-사망	?~28년
직업	왕

주몽과 결혼한 소서노에게는 비류와 온조라는 두 아들이 있었어.
우리가 새아버지를 이어 고구려의 왕이 되겠지?
새아버지도 잘해 주실 거야.
그럼요.

그런데 어느 날 부여에 있던 주몽의 친아들 유리가 찾아왔어.
아버지!
내 아들 유리가 왔구나! 다음 왕은 너다.

고구려의 왕이 될 줄 알았던 비류와 온조는 크게 실망했어. 그래서 자신들을 따르는 신하와 백성들을 이끌고 남쪽으로 떠났어.
미안하오.
우리가 직접 새 나라를 세우자!
어머니, 걱정 마세요.
남쪽으로 내려가요.

동생인 온조는 지금의 서울인 위례성에 나라를 세우고 '십제'라고 이름 지었어.
형님, 이곳에 나라를 세워요. 한강 주변은 땅이 기름져서 농사가 잘될 거예요.
절레 절레
아니, 나는 바다가 있는 땅이 좋구나.
형인 비류는 백성들을 데리고 지금의 인천인 미추홀로 향했어.
동생아, 잘 있어!
형님, 조심히 가세요!
하지만 미추홀은 땅이 습하고 물이 짜서 농사가 잘 안되었어. 비류가 죽자 백성들은 온조를 찾아갔어.
힝~
온조 말을 들을걸. 너무 부끄럽구나.
온조는 미추홀 백성들을 따뜻하게 맞아 주었어. 그러고는 나라 이름을 '백제'라고 고쳤단다.
어서 오시오!
저희를 받아 주세요!
온조왕 만세!
백제

온조는 위례성에 도읍을 정하고 나라를 다스렸어요.

한강 주변에서는 땅이 기름져 곡식이 잘 자랐어요.

백제는 한강과 바다로 이어지는 뱃길을 통해 중국과 교류하며, 점점 부강한 나라가 되었어요.

4 신라를 세운 혁거세

시대	신라
출생-사망	기원전 69년~4년
직업	왕

먼 옛날, 경주 지역에는 여섯 마을이 있었어. 여섯 마을의 촌장은 함께 나라를 다스렸지.
우리는 사로 6촌!
어느 날 마을 촌장은 숲에서 번쩍이는 빛을 보았어. 가 보니 우물 옆에 흰말이 절을 하고 있었어.
히잉—
가까이 다가가자 흰말은 하늘로 올라갔고 그 자리에 커다란 알이 놓여 있었어.
번쩍
번쩍
웬 알이지?
조심조심 알을 깨뜨리자, 그 알에서 건강하고 잘생긴 사내아이가 태어났어.
하늘이 보내 준 왕이 분명해요.
박처럼 생긴 알에서 나왔으니 성은 '박'으로 해요.
이름은 빛으로 세상을 다스린다는 뜻의 '혁거세'라고 합시다.

혁거세가 태어난 날 이상한 일이 또 벌어졌어. 다른 우물가에 계룡(닭처럼 생긴 용)이 나타난 거야.
아야
그 용의 옆구리에서 '알영'이라고 하는 여자아이가 태어났어.
응애!
어머나, 옆구리에서 아이가 태어났어!
혁거세는 특별하게 태어난 알영을 왕비로 맞아들였어.
내 고향은 알!
내 고향은 옆구리!
그리고 새로운 나라를 세우고 잘 다스렸단다.
13살이지만 훌륭해.
역시 특별한 왕이야.
척!

기원전 57년 혁거세는 여섯 마을을 대표하는 왕이 되었어요.

이때는 '신라'라는 나라 이름을 쓰지 않고 '서라벌'이라고 했어요.

혁거세는 창고가 가득 찰 정도로 나라를 잘 다스려서 백성들의 존경을 받았어요.

5 고구려의 영토를 넓힌
광개토 대왕

시대	고구려
출생-사망	374년~412년
직업	왕

광개토 대왕은 18살에 왕이 된 후 정복 전쟁을 떠났어.
나를 따르라!
와!
가장 먼저 백제를 공격했는데, 예전에 할아버지인 고국원왕이 백제와 싸우다 세상을 떠났기 때문이야.
으윽
광개토 대왕은 백제를 공격해서 백제의 땅 일부를 차지했어.
흐뭇
할아버지, 드디어 원수를 갚았어요.
항복합니다.
그리고 멈추지 않고 북쪽으로 눈을 돌렸어.
남쪽의 백제를 정벌했으니 이제 북쪽으로 가자!
북쪽
안 끝났어요?
쩝. 집에 가고 싶은데.

광개토 대왕은 후연, 거란, 숙신 등 북쪽에 있는 나라들을 정복해서 넓은 만주 땅을 차지했어.
고구려
백제
신라
가야
탐라
와 진짜 넓다.
어마어마해!
대왕님 만세!
어느 날 신라의 왕이 광개토 대왕에게 도움을 청했어.
신라에 쳐들어온 왜를 물리쳐 주세요.
광개토 대왕은 신라에 쳐들어온 왜를 물리치며 고구려의 강한 힘을 뽐냈어.
고구려 군사다. 도망가자!
잘못했어요. 살려 주세요.

광개토 대왕은 활발한 정복 전쟁으로 고구려를 강한 나라로 만들었어요.

광개토 대왕의 아들인 장수왕은 아버지의 업적을 기리기 위해 광개토 대왕릉비를 세웠어요.

그리고 아버지의 뒤를 이어 고구려 땅을 더 넓혔답니다.

6 신라의 영토를 넓힌 이사부

시대	신라
출생-사망	?~?
직업	장군

이사부는 수많은 싸움을 승리로 이끈 신라 최고의 장군이야.
모두 덤벼!
왜
백제
고구려
가야
지증왕은 섬나라 우산국을 신라의 영토로 만들고 싶었어. 우산국은 지금의 울릉도와 독도야.
우산국을 정벌하라!
어떡하지?
하지만 우산국은 파도가 험해서 배가 접근하기 어려운 데다
우산국
철석
철석
우산국 사람들은 거칠고 사납기로 유명했어.
감히 우산국에 쳐들어와?
혼쭐나고 싶어?
사납
사납

이사부는 놀라운 꾀를 냈어.
그래,
머리를 쓰자!
이사부는 나무로 사자를
만들어 배에 싣고 갔어.
항복하지 않으면
이 사자를 풀어놓겠다!
크아앙
으르르르
우산국 사람들은 진짜 사자인 줄 알고 곧바로
항복했어.
벌 벌
사자라는데?
너 본 적 있어?
아니. 사자 밥이
되기 전에 항복하자.
우산국
그 후로도 이사부는 금관가야와 대가야를
정벌해서 신라의 영토를 넓혔어.
항복
오늘부터
신라인 1일!

삼국 시대에는 지금의 울릉도와 독도를 다스렸던 '우산국'이라는 나라가 있었어요.

이사부는 우산국을 정벌해 울릉도와 독도를 우리나라 땅으로 만들었어요.

이후 법흥왕과 진흥왕 때도 정벌에 나서며 신라의 영토를 크게 넓혔답니다.

7 떡방아 소리를 흉내 낸 백결 선생

시대	신라
출생-사망	?~?
직업	음악가

신라의 음악가인 백결 선생은 매우 가난했어.
음악은 내 인생!
어찌나 가난한지 옷을 백 번이나 꿰매 입었다고 해서 '백결 선생'이라고 불렸어.
누덕 누덕
휴! 이번이 백 번째야.
백결 선생은 밥을 굶어도 거문고만 타면서 시간을 보냈어.
괜찮아. 띵띵 띵 띵 띵~
내 사랑 거문고 ♡
꼬르륵
그런 백결 선생을 보는 아내는 속이 터졌지.
씩씩 띠링 띠링
거문고만 타면 밥이 나와요? 떡이 나와요?

새해가 되자 집집마다 떡방아를 찧는 소리가 울려 퍼졌어.
쿵덕
쿵덕
맛있겠다.
아내는 화가 나서 백결 선생을 닦달했어.
내일이 새해인데 떡 만들 쌀이 없어요! 우리는 무엇으로 새해를 맞아요?
긁적 긁적
그러자 백결 선생은 거문고로 떡방아 소리를 연주했어. 아내도 흥겨워서 춤을 추었어.
이러면 어떻소?
쿵덕 쿵덕 쿵더덕
슬픈데 신이 나네?
사람들은 아름답고 흥겨운 백결 선생의 떡방아 연주를 좋아했단다.
어이구, 신나!
덩실 덩실
얼쑤!

백결 선생은 가난했지만 거문고를 연주하며 위안을 받았어요.
아내의 걱정을 들은 백결 선생은 거문고로 떡방아 찧는 소리를 흉내 냈어요.
사람들은 이것을 떡방아 찧는 노래라고 해서 '방아 타령'이라고 불렀어요.

8 백제의 마지막 왕
의자왕

시대	백제
출생-사망	?~660년
직업	왕

의자왕은 처음에 나라를 잘 다스렸어. 힘든 백성들을 위로하고 감옥에 갇힌 죄수를 풀어 주었어.
백성바라기
힘든 일은 없느냐?
정말 감동이에요.
또 신라를 공격해 백제의 영토를 넓히기도 했어.
신라의 성을 공격하라!
와 와
하지만 시간이 흐르면서 의자왕은 술에 빠져 나라를 돌보지 않았어.
으, 취한다!
해롱 해롱
그사이 신라와 당나라는 힘을 합쳐 백제를 무너뜨리기로 했어.
서로 힘을 합칩시다!
좋습니다!
신라
당

백제군이 죽을힘을 다해 싸웠지만 신라와 당나라의 거센 공격을 막아 낼 수 없었어.
나당 연합군
허겁지겁
걸음아 날 살려라!
뒤쫓아라!
백제 왕이 도망간다!
결국 의자왕은 신라와 당나라군에 둘러싸여 항복하고 말았어.
어서 항복하시지?
백제가 이렇게 무너지는구나.
백제가 멸망할 때 삼천 궁녀가 강에 몸을 던졌다는 얘기도 전해지는데 사실이 아니야.
그건 오해야.
실제로 의자왕은 신하들과 함께 당나라로 끌려가서 그곳에서 세상을 떠났어.
정말 부끄럽구나. 진작 잘할걸!
당
흑흑
흑흑

의자왕은 부모님께 효도하고 형제 사이에 우애가 깊어 칭찬이 자자했어요. 처음에는 나라를 잘 다스려 백제의 뛰어난 왕 중 한 명으로 꼽혔지요. 하지만 신라와 당나라의 연합군의 공격을 받아 백제의 마지막 왕이 되었어요.

9 황산벌에서 싸운 계백

시대	백제
출생-사망	?~660년
직업	장군

신라와 당나라의 연합군이 공격해 오자 의자왕은 계백에게 명령을 내렸어.
장군만 믿겠소.
반드시 무찌르겠습니다!
이 싸움에서 절대 이길 수 없어…….
계백은 가족들이 적의 노비가 되어 고통을 받을까 봐 자기 손으로 가족들을 죽였어.
흑흑
여보, 미안하오. 얘들아, 정말 미안해.
으악
악!
계백은 5천 명의 결사대를 이끌고 황산벌로 갔어. 죽기를 각오한 백제군은 5만 명의 신라군을 번번이 이겼어.
와
죽기 살기로 싸워라!
와
백제
백제
또 지는 거 아니야?
저런 백제의 군대를 어떻게 이겨?
하지만 끝내 신라의 대군을 당해 낼 수 없었어. 계백과 군사들은 끝까지 싸웠지만 황산벌에서 목숨을 잃고 말았어.
이게 마지막 싸움이구나…….

10 용감하게 맞서 싸운 관창

시대	신라
출생-사망	645년~660년
직업	화랑

신라에는 소년들이 모여 수련하는 화랑이라는 조직이 있었어. 관창도 화랑 중 한 명이야.
얍!
와, 예쁘다.
신라군이 황산벌에서 잇따라 지자, 관창이 홀로 싸움에 나갔다 붙잡혔어.
어린 소년이 용감하구나! 너무 어리니 살려 주마.
크흑!
살아서 돌아온 관창은 너무 부끄러웠어. 그래서 다시 백제군으로 쳐들어갔지.
이 녀석이 또! 이번에는 살려 줄 수 없다.
나를 죽여라!
계백은 관창의 목을 신라군에게 보냈어. 신라군은 관창의 용기에 힘을 냈고 결국 전쟁에서 승리했어.
어린 관창도 목숨을 바쳤는데!
우리도 목숨 바쳐 싸우자!
와아아아

2절에 나온 위인들

김유신

문무왕

원효

혜초

장보고

대조영

강감찬

서희

정중부

최무선

죽림칠현

김부식

지눌

의천

이종무

정몽주

문익점

최충

일연

11 삼국 통일을 이끈
김유신

시대	신라
출생-사망	595년~673년
직업	장군

김유신은 젊은 시절 한 여인과 사랑에 빠졌어. 그래서 매일같이 여인의 집에 갔지.
하하
호호
김유신의 어머니는 여인의 집에 들락거리는 아들을 꾸짖었어. 김유신은 뉘우치며 다시는 그 집에 가지 않기로 결심했어.
수련은 게을리하고 여인의 집만 들락거리면 어쩌냐?
다시는 그러지 않겠습니다.
부끄 부끄
어느 날 말을 타고 가던 김유신이 깜빡 잠이 들었어. 그러자 말은 평소 자주 갔던 여인의 집으로 갔어.
악! 여기는?
네가 날 여기로 데려왔구나!
잠에서 깬 김유신은 칼로 아끼던 말의 목을 베었어.
다시는 그 여인을 찾지 않을 것이다!
히이잉!

김유신은 장군이 되어 여러 싸움에서 공을 세웠어. 그리고 김춘추가 왕이 되는 것을 도왔어.
축하드립니다.
이게 다 장군 덕이오.
김춘추는 그 보답으로 김유신에게 최고 관직을 내렸어.
상대등에 오른 것을 축하하오.
감사합니다.
하지만 김유신에게는 꿈이 남아 있었어.
강한 나라
삼국 통일
김춘추
이후 김유신은 삼국 통일을 위한 전쟁을 벌였고 마침내 통일을 이루었어.
꿈은 이루어진다.
드디어 끝났다. 정말 뿌듯해.
신라

김유신은 김춘추와 함께 삼국 통일을 이끈 영웅이에요.

김유신은 김춘추가 세상을 떠난 뒤, 그의 아들인 문무왕을 도와 통일을 이루었어요.

문무왕은 삼국 통일에 큰 역할을 한 김유신에게 특별한 관직을 내렸어요.

12 삼국 통일을 완성한 문무왕

시대	신라
출생-사망	626년~681년
직업	왕

문무왕은 아버지 김춘추의 뜻을 이어받아 삼국 통일을 이루려고 했어.
아들아, 고구려 정복을 부탁한다.
네, 아버지!
하지만 문무왕은 걱정이 이만저만이 아니었어. 고구려는 떡 버티고 있고, 사방에서 백제를 다시 세우려고 했지.
고구려
백제
휴!
때마침 고구려에서 권력 다툼이 벌어지자 문무왕은 당나라와 손잡고 고구려를 무너뜨렸어.
축 삼국 통일
하하하! 드디어 통일했다! 잘 가시오.
고구려
그러자 당나라는 욕심을 드러내기 시작하는데…….
약속했잖아. 왜 약속 안 지켜?
당
신라
우리 안 갈 건데? 신라를 다스릴 건데?

문무왕은 굴하지 않고 당나라와 맞서 싸웠어.
당장 물러가!
신라
당
20만 대군이 두렵지 않으냐?
매소성과 기벌포에서 크게 승리하면서 신라는 당나라군을 완전히 몰아내고, 삼국 통일을 완성했어.
우리가 이겼다!
당나라군을 물리쳤다!
세월이 흘러 문무왕은 죽기 전에 이런 유언을 남겼어.
내가 죽으면 바다에 묻어 주시오. 죽은 뒤 용이 되어서 나라를 지키겠소.
신하들은 문무왕의 뜻에 따라 동해 큰 바위에 장사를 지냈다고 해.
철썩
철썩

나라만 생각했던 문무왕은 죽어서도 용이 되어 나라를 지키겠다고 했어요. 문무왕의 아들인 신문왕은 아버지의 뜻을 받들어 동해에 장사를 지냈어요.

그리고 가까운 곳에 아버지의 은혜에 감사한다는 뜻으로 '감은사'라는 절을 지었어요.

13 백성들에게 불교를 전해 준 원효

시대	신라
출생-사망	617년~686년
직업	승려

원효는 불교를 더 공부하려고 당나라로 유학을 떠났어.
부엉부엉
밤이 깊으니 오늘은 저 동굴에서 자자.
당나라로 가던 중 하루는 동굴에서 잠이 들었어.
드르렁—
그런데 자다 보니 너무 목이 마른 거야. 잠결에 주변을 더듬자 때마침 바가지가 있었어.
더듬 더듬
오, 물이다!
원효는 바가지에 담긴 물을 꿀꺽꿀꺽 달게 마셨어.
꿀꺽 꿀꺽
아, 정말 달고 맛있다.

다음 날 아침 원효는 깜짝 놀랐어. 밤에 마셨던 물이 글쎄 해골바가지에 고인 썩은 물이었던 거야.
우웩
뜨헉
같은 물이 달고 맛있기도 하고, 썩은 물이 되기도 하자 원효는 깨달았어.
아! 모든 것은 마음 먹기에 달렸구나.
원효는 당나라 유학을 가지 않고 다시 신라로 돌아왔어.
빠이 빠이
당
깨달음은 공부로 얻는 게 아니야. 어디서든 얻을 수 있어.
그리고 백성들에게 불교를 쉽게 전하기 위해 부처님의 가르침을 담은 노래를 부르고 춤을 추었단다.
부처 핸섬
나무 아미타불!

당시 신라의 불교는 너무 어려워서 귀족들만 믿고 있었어요.

원효는 백성들에게 불교를 널리 전하기 위해 불교의 가르침을 노래로 만들어 불렀어요.

그리고 '나무아미타불'만 외우면 누구나 극락에 갈 수 있다고 가르쳤어요.

14 인도를 여행한 혜초

시대	신라
출생-사망	704년~787년
직업	승려

혜초는 당나라에서 불교 공부를 했어. 그때 당나라에는 인도에서 온 스님들이 많이 있었어.
나마스테!
안녕하세요!
당
공부를 하다 보니 혜초는 인도를 여행하고 싶었어.
인도에 가고 싶어.
인도는 불교를 만든 부처님이 태어난 나라야. 그래서 곳곳에 불교 유적이 많이 있었어.
어서 와. 인도는 처음이지?
내 발자취를 따라 인도로 오너라.
마침내 혜초는 배를 타고 머나먼 길을 떠났어.
어질 어질
인도까지 아직 멀었나?

혜초는 인도에 도착해 여러 곳을 여행했어.
코끼리를 900마리나 가진 왕이나
뿌우우우
와, 똥도 엄청 커.
900마리가 똥을
싸면……?
옷을 발가벗고 사는 사람들을 만나기도 했지.
훌렁
어머나, 눈을 어디다
둬야 하지?
그렇게 여러 해 동안 인도와 주변 나라들을
여행한 뒤 무사히 당나라로 돌아왔어.
이글 이글
조금만 더 가면
당나라야. 큰스님이
해 준 절밥을 먹고 싶어.
그리고 여행에서 보고 느낀 것을
<왕오천축국전>으로 썼어.
<왕오천축국전>의 천축국은
인도를 가리키는 말이야.
세상에 이런
곳이 있다니!
신기해.

〈왕오천축국전〉은 다섯 개의 천축국에 갔던 이야기라는 뜻이에요.

이 책에는 인도와 주변 나라의 종교, 풍속, 문화에 대한 여러 가지 정보가 담겨 있어요.

하지만 안타깝게도 〈왕오천축국전〉은 프랑스 국립 도서관에 보관되어 있어요.

15 해적을 무찌른 장보고

시대	신라
출생-사망	?~846년
직업	장군

신라 사람 장보고는 당나라로 건너가 군인이 되었고, 높은 자리까지 올라갔어.
당
나를 따르라!
네 장군!
그런데 어느 날 신라 사람들이 해적에게 붙잡혀 노예로 팔리는 모습을 보았어.
고향에 가고 싶어.
우리는 어떻게 될까?
흑
흑
그 모습에 장보고는 신라로 돌아가기로 결심했어.
부르르
더는 못 참아! 신라로 돌아가자.
쿵!
신라로 돌아온 장보고는 흥덕왕을 찾아가 청해진을 세워 달라고 부탁했어.
제가 해적을 막겠습니다! 청해(완도)에 진을 세워 주십시오.
오, 그대를 청해진 대사로 임명한다!

그러고 나서 바다를 휩쓸고 다니던 해적을 모두 없애 버렸어.
두둥
캬캬
신라인을 모조리 잡아가자!
돈이 되는 것은 모조리 빼앗아!
해적
장보고의 노력으로 바다에 해적이 사라지고 평화가 찾아왔어.
모두 무찔러라!
으악! 도망가자!
장보고 만세!
그뿐 아니야. 장보고는 당나라와 일본을 오가며 무역도 했어. 국제 무역 항구가 된 청해진에는 당나라, 일본, 아라비아 상인들이 찾아왔어.
고운 비단 사세요.
금이 최고지요.
나는 문 열리기 전부터 기다렸어.
어머, 이건 꼭 사야 해!
귀한 향료 있어요.

장보고는 신라로 돌아와 청해진을 세우고 해적을 무찔렀어요.

장보고 덕분에 신라와 여러 나라는 안전하게 무역을 할 수 있었어요.

사람들은 바다를 지키고 활발하게 무역을 한 장보고를 '해상왕'이라고 불렀어요.

16 발해를 세운 대조영

시대	발해
출생-사망	?~719년
직업	왕

대조영은 고구려 유민이야. 고구려가 멸망하자 고구려 유민은 당나라의 영주 땅으로 많이 끌려갔어.
언젠가 다시 고구려를 세우겠어.
영주에는 고구려 유민뿐만 아니라 말갈족과 거란족도 있었어. 당나라 사람들은 이들을 괴롭히고 못살게 굴었어.
돈을 못 갚으면 노비가 돼!
찰싹!
아이고, 한 번만 봐주세요.
그러던 어느 날 참다못한 거란족이 반란을 일으켰어.
와!
와
와
반란
대조영은 그 틈을 타 고구려 유민을 데리고 당나라를 탈출했어. 이때 말갈족도 함께 갔어.
지금이 기회야. 다시 고구려를 세우자!
우리 말갈족도 같이 갑시다!

고구려 유민과 말갈족은 당나라군과 계속해 싸웠어. 그리고 마침내 당나라군을 물리쳤어.
와 와!
우리가 이겼다!
당
대조영은 싸움에서 승리한 후 고구려 유민과 말갈족을 이끌었어.
조금만 힘내세요.
그리고 옛 고구려 땅인 동모산으로 가, 새 나라를 세웠지.
대조영 만세!
새 나라 만세!
대조영은 고구려의 뜻을 이어받아 나라를 잘 다스렸단다.
고구려의 다음 주자는 발해야.
잇길 발해~
고구려

대조영은 새 나라를 세우고 나라 이름을 '진'이라고 했어요.

그 뒤 나라 이름을 '발해'로 바꾸고 고구려의 옛 땅을 대부분 되찾았지요.

훗날 발해는 크게 발전해 바다 동쪽의 강한 나라라는 뜻의 '해동성국'이라고 불렸어요.

17

귀주 대첩을 승리로 이끈 강감찬

시대	고려
출생-사망	948년~1031년
직업	문신, 장군

거란은 고려를 세 번째 쳐들어왔어. 이번에는 소배압이 10만 군사를 이끌고 왔지.
거란
척 척 척 척
소배압
거란 10만 군사
고려
거란을 막기 위해 고려에서는 강감찬이 군사를 이끌게 되었어.
두고 봐. 고려는 반드시 승리할 것이다!
학문만 하던 문신이 싸우다니!
70대 노인이 어떻게 전쟁에 나가?
지지릭!
거란군이 수도인 개경으로 가려면 반드시 흥화진을 거쳐야 했어. 강감찬은 이를 미리 알고 작전을 세웠어.
소가죽을 엮어 강물을 막아라!
바로 거란군이 강을 건너는 순간, 한꺼번에 물을 터뜨리는 작전이야.
쏴아
꼬르륵!
으악! 함정이다!

소배압은 살아남은 군사들을 이끌고 개경에 갔어. 하지만 배가 고프고 너무 지쳐 있었지.
휴! 이대로 돌아가야 하다니……. 폐하를 어찌 본담?
너무 배고파요. 너무 추워요.
강감찬은 돌아가는 거란군과 귀주에서 마지막 싸움을 벌였어.
거란
끝까지 싸워라! 고려는 반드시 승리할 것이다!
죽을힘을 다해 싸워라!
와아아
고려
고려군이 화살을 퍼붓자 거란군은 달아나기 바빴어.
절대로 살려 보내지 마라!
슝슝
허겁지겁
결국 강감찬은 귀주에서 크게 승리했어. 10만 군사 중 살아 돌아간 거란군은 고작 수천 명뿐이었어.
다시는 고려를 넘보지 못하겠지.
터덜 터덜
와와!

강감찬이 귀주에서 거란군에게 크게 승리한 싸움을 '귀주 대첩'이라고 해요.

몇 차례 일어난 거란과의 전쟁은 고려의 승리로 끝이 났어요.

그 후 고려에는 평화가 찾아왔고, 거란은 더 이상 고려에 쳐들어오지 않았어요.

18 담판으로 거란을 물리친 서희

시대	고려
출생-사망	942년~998년
직업	문신, 외교관

거란이 대군을 이끌고 처음 고려에 쳐들어왔을 때
고려가 송나라를 도와주지 못하도록 고려를 먼저 공격하자.
고려
우르르
신하들은 땅을 내주고 항복하자고 했어. 그러자 서희가 반대하며 앞으로 나섰어.
절대 안 됩니다! 제가 나서겠습니다!
척!
거란은 고려보다 강하고 크니 나에게 절을 하시오!
거란의 장수 소손녕은 서희를 얕잡아 보며 뜰에서 절을 하라고 했어.
서희는 침착하게 거절했어. 그러고는 소손녕과 당당하게 마주 보고 앉았어.
놉!
그것은 왕에게 하는 인사요. 두 나라의 신하끼리는 그럴 수 없소.
끙!

사실 거란은 송나라와 전쟁을 하려고 했어. 그런데 혹시라도 고려가 송나라를 도울까 봐 고려를 협박하러 온 거야.
내가 거란의 속내를 모를 줄 알아?
거란
여진
송
고려
서희는 이를 눈치채고…….
고려는 신라 땅에서 시작했으니 고구려 땅은 우리 것이오. 당장 북쪽 땅을 내놓으시오!
고려는 고구려를 이은 나라요. 그 땅은 고구려 땅이었으니 우리 땅이 맞소.
막힘없이 대답했어. 듣고 보니 이치에 맞는 말이잖아.
그, 그러면 고려는 우리와 가까이 있으면서 왜 송나라와 친하게 지내는 것이오?
거란과 친하게 지내고 싶어도 여진족이 막고 있잖소. 여진족을 내쫓고 그 땅을 주면 거란과 친하게 지내겠소.
소손녕은 서희의 말솜씨에 그만 설득당했어. 그리고 마침내 군사들을 데리고 자기 나라로 돌아갔어.
긁적
긁적
왠지 찜찜한데 기분 탓이겠지?

서희는 싸우지 않고 뛰어난 말솜씨로 전쟁에서 승리했어요.
그뿐 아니라 압록강 유역에 있는 6개 지역인 강동 6주까지 얻었지요.
서희의 담판으로 고려는 압록강까지 영토를 넓히게 되었답니다.

19 무신 정변을 일으킨 정중부

시대	고려
출생-사망	1106년~1179년
직업	무신

고려 시대에는 학문으로 벼슬하는 문신에 비해 전쟁에 나가 싸우는 무신이 낮은 대우와 심한 차별을 받았어.
월급을 또 못 받았어. 이번 달은 전쟁에도 나갔는데…….
고려
하루는 잔치가 열려 문신과 무신이 한자리에 모였어.
흥! 우리는 밥도 못 먹는데.
얼쑤
쳇! 같은 신하인데 우리는 경비
서고.
그때 김부식의 아들인 김돈중이 장난으로 무신인 정중부의 수염에 불을 붙였어.
앗! 뜨거워!
화르르
정중부는 화가 머리끝까지 났지만 꾹 참았어.
부글 부글
김부식의 아들만 아니어도…….

어느 날 왕이 무예 시합을 열었어. 무신들이 겨루던 중 나이 든 대장군이 그만 지고 말았어.
끄응
깔 깔 깔
그러자 한 문신이 대장군의 뺨을 때리는 거야.
대장군이 지다니 꼴좋다.
짝!
으으
화가 난 정중부가 따졌지만, 문신은 아랑곳하지 않았어.
대장군이 너보다 벼슬도 높고 나이도 많은데 감히 뺨을 때려?
어쩌라고?
그날 밤 정중부와 무신들은 정변을 일으켰어. 정중부는 문신들을 죽이고 무신의 세상을 만들었어.
문신 한 놈도 남기지 마라!
어이쿠!
아이고!

정중부는 왕과 문신들을 몰아내고 무신들과 나라를 이끌었어요.

이후 무신들은 권력을 휘두르며 나라를 마음대로 다스렸지요.

이때부터 고려는 약 100년 동안 무신의 세상이 되었어요.

20 우리나라 최초로 화약을 발명한 최무선

시대	고려
출생-사망	1325년~1395년
직업	무신, 발명가

고려 말에는 왜구가 자주 쳐들어와 먹을 것을 빼앗고 불을 지르고 사람들을 괴롭혔어.
당장 먹을 것을 내놔!
아이고! 왜구 때문에 못 살겠네.
최무선은 왜구를 물리치려면 화약이 꼭 필요하다고 생각했어.
긁적 긁적
화약, 화약, 화약……. 어떡하지?
원나라는 먼저 화약 만드는 방법을 발명했지만 철저히 비밀로 했어.
입꾹
쉿! 절대 비밀이야.
원
고려
최무선은 어쩔 수 없이 혼자서 화약 만드는 방법을 연구했어.
또 망했네.
펑

이런 노력에 감동한 원나라 사람이 최무선을
도와주었어. 최무선은 화약 만드는 방법을
열심히 배웠고
이건 이렇게 하고
저건 저렇게 하고…….
열심 열심
마침내 화약을 만드는 데 성공했어.
펑!
됐다! 드디어
화약을
만들었어!
최무선은 화약과 다양한 화포를 만들었어. 그리고 왜구가 쳐들어오자 화포를 이용해 왜구를 크게
물리쳤어.
화약
화포
펑 펑
꽝
화약 정말
무서워…….
으악!

최무선은 '화통도감'이라는 관청에서 화약을 이용한 여러 가지 무기를 만들었어요.

그리고 왜구가 쳐들어왔을 때 이 무기들로 적의 배들을 모두 불태웠지요.

왜구는 최무선이라는 이름만 들어도 벌벌 떨 정도였답니다.

21~27 자연을 벗 삼아 사는 죽림칠현

시대	고려
시기	1170년 이후
직업	선비

옛날 중국에 어지러운 정치를 떠나 자연을 벗 삼은 일곱 선비가 있었어. 선비들은 대나무 숲에 모여서 '죽림칠현'이라고 불렸어.
죽림칠현
고려가 무신의 세상이 되자 선비들은 높은 벼슬에 오르기 어려웠어.
학문을 해서 뭐 해? 지금은 무신의 세상인데!
휴!
고려에 살았던 일곱 선비도 중국의 죽림칠현과 비슷하게 지냈어. 바로 이인로, 오세재, 임춘, 조통, 황보항, 함순, 이담지야.
우리는 고려의 죽림칠현!
오세재
이인로
조통
황보항
임춘
함순
이담지

죽림칠현은 벼슬에 나가지 않고 자연을 벗 삼아 살았어.
숲멍
어때?
자연 좋아!
벼슬 싫어!
일곱 선비는 함께 모여 시를 짓거나
싹싹
술을 마시며 세월을 보냈어.
쯧쯧! 나라가 어지러운데 선비들은 술만 마시고.
그러면서도 학문을 나누며 많은 글을 남겼단다.
술만 마신 게 아니에요.

무신들이 힘으로 나라를 다스리자 문신들은 높은 벼슬에 오르기 힘들었어요. 그래서 고려의 일곱 선비는 자연에서 글을 쓰고 우정을 나누며 지냈어요. 그중 이인로와 임춘 등은 여러 책을 남겨 고려의 문학을 발전시켰어요.

28 <삼국사기>를 쓴 김부식

시대	고려
출생-사망	1075년~1151년
직업	문신, 학자

김부식은 묘청의 난을 진압하는 데 큰 공을 세워서 높은 자리까지 올랐어.
우뚝
아유, 고개야.
그러던 어느 날 김부식은 벼슬에서 물러나기로 했어.
이제 그만 은퇴하겠습니다.
인종은 아쉬워하며 김부식에게 역사책을 만들라고 명령했어.
우리 역사를 담은 역사책을 만들어 주시오.
네!
그리하여 김부식은 젊은 학자들과 함께 역사책을 만들기 시작했어.
전쟁으로 자료들이 대부분 불타 없어졌어요.
휴! 중국의 역사책을 참고해야겠군.

김부식은 신라를 중심으로 고구려와 백제의 역사를 기록하면서도
내가 센터야.
고구려
신라
백제
삼국 중 신라가 최고야.
유학자답게 유교의 가르침에 따라 사실만을 썼어.
믿을 수 없는 일은 기록하지 않아.
단군 신화
퇴장!
1145년
그리고 마침내 <삼국사기>를 완성했어.
드디어 <삼국사기>를 완성했습니다.
삼국사기
이 책은 역사에 길이 남을 것이오.
이후 <삼국사기>는 삼국의 역사를 연구할 수 있는 중요한 자료가 되었어.
축하합니다.
짝 짝

〈삼국사기〉는 고려 시대에 만들어진 삼국 시대의 역사책이에요.

김부식은 인종의 명령에 따라 삼국의 자료를 조사하고 연구해 〈삼국사기〉를 완성했어요.

〈삼국사기〉는 현재 우리나라에 남아 있는 가장 오래된 역사책이랍니다.

29 불교를 개혁한

지눌

시대	고려
출생-사망	1158년~1210년
직업	승려

시간이 흐르면서 불교는 잘못된 길로 갔어. 스님들은 사치에 빠지고 돈을 빌려주는 일을 했어.
화려
화려
이자를 더 내!
지눌은 이런 불교를 비판하며 스님의 원래 모습으로 돌아가자고 주장했어.
오늘은 불경을 공부하고, 참선을 하고, 노동을 해야 해. 바쁘다 바빠.
1. 불경 공부
2. 참선
3. 노동
지눌의 불교 개혁 운동은 지방 스님들에게 큰 지지를 얻었어.
그 길을 따르겠습니다.
저도요.
지눌은 불교를 개혁하는 데 앞장서며 선종을 중심으로 교종을 합친 조계종을 세웠어.
불경 공부가 중요해!
짜잔
참선이 중요해!
싸우지 말고 들어 봐. 둘 다 중요해.

30 불교를 하나로 모은 의천

시대	고려
출생-사망	1055년~1101년
직업	승려

고려는 불교 나라답게 스님이 되는 것을 자랑스러워했어. 의천도 왕자였지만 스님이 되었어.
누가 스님이 되겠느냐?
제가 할게요!
번쩍!
의천은 불교를 더 공부하기 위해 송나라로 유학을 갔어. 그리고 돌아올 때 불경 3,000여 권을 가지고 왔어.
송
가득가득
불교에 진심인 편
당시 고려의 불교는 교종과 선종으로 나뉘어 대립했어. 의천은 다툼을 해결할 방법을 고민했어.
불경 공부도 하고, 마음 수양도 하고…….
쿠웅-
그리고 마침내 새로운 종파인 천태종을 세워 불교를 하나로 모았단다.
축 천태종 창시
우리는 하나~
왕자님 만세!
의천 대사님 만세!

31 대마도를 정벌한 이종무

시대	고려~조선
출생-사망	1360년~1425년
직업	장군

조선 시대에도 왜구가 자주 침입해 백성들을 괴롭혔어.
먹을 것을 내놔!
카
카
카

이종무는 고려 때부터 왜구를 물리치는 공을 세웠어.
이종무다, 도망가자!
게 섰거라!

세종 때 왜구의 침입이 계속되자 이종무에게 대마도 정벌을 명령했어.
대마도는 지금의 쓰시마섬으로, 왜구의 소굴이었어.
대마도로 건너가 왜구를 물리치시오.
예!
우글
우글
우글

이종무는 배 227척과 군사 1만 7,000여 명을 이끌고 대마도로 향했어.
조선의 매운맛을 보여 주마!
두둥
대마도
매운 거 못 먹어요!
그러고는 왜구에게 본때를 보여 주었어.
살려 주세요!
그뿐만이 아니야. 대마도에 붙잡혀 있던 조선 백성들과 중국 사람들까지 구해 냈어.
감사합니다!
셰셰!
이종무의 승리로 왜구는 조선에 함부로 쳐들어오지 못했단다.
다시는 조선 백성을 괴롭히지 않겠습니다.

왜구는 대마도를 근거지로 우리나라에 자주 쳐들어왔어요.
이종무는 세종 때 대마도를 정벌해 왜구에게 큰 타격을 주었어요.
이종무의 노력으로 백성들을 괴롭히던 왜구의 노략질은 크게 줄어들었답니다.

32 고려에 충성을 바친 정몽주

시대	고려
출생~사망	1337년~1392년
직업	문신, 학자

정몽주는 고려 말의 뛰어난 유학자였어.
나라에 충성하고…….
당시 고려는 부정부패로 나라가 무척 어지러웠어.
그거 신상이에요?
번쩍 번쩍
찰랑 찰랑
역시 보는 눈이 있네.
새로운 세력인 신진 사대부는 고려의 개혁을 두고 둘로 나뉘었어.
개혁 토론
고려를 바로잡고 천천히 개혁합시다!
아닙니다! 새로운 나라를 세웁시다!
정몽주
정도전
정몽주는 나라에 대한 충성을 중요하게 생각했어. 그래서 고려를 끝까지 지키려고 했어.
나는 고려를 끝까지 지킬 것이오!
꽉!

어느 날 반대파인 이성계가 다쳤다는 소식이 들렸어. 정몽주는 병문안을 핑계로 이성계의 집으로 갔어.
새 나라를 세우기 전에 이성계를 없애야겠다.
불끈
이성계
그런데 이성계의 아들인 이방원이 정몽주를 맞이했어. 이방원은 정몽주의 마음을 떠보려고 시를 읊었어.
이런들 어떠하며 저런들 어떠하리~
<하여가>
이에 정몽주도 시로 대답했어.
이 몸이 죽고 죽어 일백 번 고쳐 죽어~
<단심가>
정몽주의 마음을 눈치챈 이방원은 선죽교에서 정몽주의 목숨을 빼앗았어.
새 나라를 세우는 데 걸림돌이 될 거야.

이방원의 〈하여가〉에는 새 나라에서 사이좋게 지내자는 뜻이 담겨 있어요.

정몽주의 〈단심가〉에는 고려를 향한 변하지 않는 마음이 담겨 있지요.

결국 정몽주는 이방원이 보낸 부하에 의해 선죽교에서 목숨을 잃고 말았어요.

33 목화씨를 가져온 문익점

시대	고려
출생-사망	1329년~1398년
직업	문신

원나라에 갔던 문익점은 어느 날 목화를 보게 되었어.
이 꽃은 뭐지? 처음 보는 꽃인데.
따뜻한 목화를 보자 고려에 있는 백성들이 떠올랐어.
폭신 폭신
아, 따뜻해. 이것으로 옷을 지어 입으면 따뜻하겠다.
당시 고려 사람들은 추운 겨울에도 얇은 베옷을 입고 다녔어.
베옷을 아무리 껴입어도 추워.
찬 바람이 숭숭 들어와.
덜덜덜덜
그래서 문익점은 목화씨를 가지고 고려로 돌아왔단다.
이랴 이랴
고려

문익점은 장인어른과 열심히 목화를 키웠지만
장인어른, 목화씨를 가져왔습니다. 이것을 밭에다 심어요.
그래, 한번 해 보세.
계속 실패하고 말았어.
힝!
그래도 한 송이가 피었네. 이것으로 씨를 받아 다시 심어 보세.
시들시들
그리고 마침내 목화를 키우는 데 성공했어.
드디어 성공했어!
몽실몽실
문익점은 목화를 널리 퍼뜨렸고, 고려 사람들이 겨울을 따뜻하게 보낼 수 있게 했단다.
아, 따뜻해.

문익점은 원나라에서 가져온 목화씨를 정성껏 키웠어요.

그리고 가족들과 목화로 실을 뽑고 옷감 짜는 방법을 연구했지요.

문익점의 노력으로 고려 사람들은 목화로 옷을 지어 입고, 솜옷과 솜이불로 겨울을 따뜻하게 보내게 되었어요.

34 학문에 뛰어난 최충

시대	고려
출생-사망	984년~1068년
직업	문신, 학자

최충은 벼슬에서 물러난 뒤 제자들을 기르기로 마음먹었어.
나라의 교육 기관이 제 역할을 못하고 있어.
국자감
그래서 먼저 집에서 학생들을 가르치기로 했지.
그래, 우리 집에서라도 가르치자.
최충 학당
최충의 학당은 사람들에게 큰 인기를 끌었어.
과거를 보려면 최충 학당에 입학해야 한대.
완전 족집게래.
일타 강사 최충
유교 경전
역사
한문학
수많은 사람들이 최충에게 배우려고 구름 떼처럼 몰려들었어.
우르르
최충 학당
선생님, 저도 가르쳐 주세요!
저는 새벽부터 줄 서서 기다렸어요!

너무 많은 사람들이 몰려오자 최충은 9개의 글방에서 나누어 가르치기로 했어.
축 9재 학당 설립
허허! 이제 더 많은 학생들을 가르칠 수 있겠군.
싹둑
최충이 가르친 학생들은 과거 시험에 합격하며 벼슬을 얻었어.
우리는 9재 학당 친구
야, 너두?
합격자 명단
야, 나두!
9재 학당의 인기가 높아지자, 다른 학자들도 9재 학당을 따라 학교를 세웠어.
최고 학당
성공 학당
합격 여기 당
그래서 최충은 해동(고려)에 있는 공자라는 뜻으로 '해동공자'라고 불리게 되었어.
부끄
내 자랑이 아니라 사람들이 나더러 바다 동쪽의 공자님이래.
자랑 맞는데요?

최충은 9재 학당을 세워 많은 학생들을 가르쳤어요.

그래서 학문이 뛰어나고 제자들을 길러 낸 최충을 '해동공자'라고 불렀어요.

최충이 세운 9재 학당과 이후 생긴 학교들 덕분에 고려에 유학이 널리 퍼지게 되었어요.

35 <삼국유사>를 쓴 일연

시대	고려
출생–사망	1206년~1289년
직업	승려

일연이 살던 때는 몽골의 침입으로 나라가 말이 아니었어.
몽골
우리는 천하무적 몽골군!
우다다다다
또 몽골군이다!
전쟁이 끝났지만 몽골은 고려를 간섭하며 마음대로 다스렸어.
고려 왕을 마음대로 정하다니.
계속된 전쟁으로 너무 지쳤어.
그래서 일연은 고려 백성들에게 힘을 줄 수 있는 역사책을 쓰기로 했어.
우리 민족의 자부심을 되찾자!
불끈
130여 년 전에 만들어진 <삼국사기>가 있었지만 주로 왕과 정치 이야기가 담겨 있었거든.
읽기 딱딱하네. 쉽고 재미있게 써 볼까?
삼국사기

일연은 특히 단군왕검의 이야기를 널리 알리고 싶었어.
우리 민족은 단군왕검으로부터 시작되었는데 빠지면 안 되지.
그래서 단군 신화와 우리나라 최초의 나라인 고조선부터
안녕?
불교 이야기, 신화와 전설 등을 모아 <삼국유사>를 완성했어.
알에서 사람이 태어나고…….
서동이 선화 공주를 좋아해서…….
이후 사람들은 나라에 어려운 일이 있을 때마다 <삼국유사>를 읽으며 힘을 얻었단다.
우리는 단군의 후손이야! 힘내자!
내 후손인 것도 잊지 마!

일연은 〈삼국유사〉에 단군 신화와 고조선의 역사를 처음으로 기록했어요. 그리고 〈삼국사기〉에 없는 신화와 전설, 노래 등을 풍부하게 실었어요.

고려 시대에 만들어진 〈삼국사기〉와 〈삼국유사〉 모두 우리 역사를 알 수 있는 귀중한 자료랍니다.

3절에 나온 위인들

최영
황희
맹사성
장영실
신숙주
한명회
이이
이황
신사임당

곽재우
조헌
김시민
이순신
태정태세문단세
사육신
생육신
논개
권율

36 고려를 지키려고 한 최영

시대	고려
출생-사망	1316년~1388년
직업	장군

고려 말 북쪽에서는 홍건적이, 남쪽에서는 왜구가 침입해 백성들을 괴롭혔어.
우리는 빨간 수건을 쓴 도적!
아이고~
둘 다 싫어!
우리는 일본의 해적!
못 살겠네.
최영은 전쟁에 나가 홍건적과 왜구를 물리쳐서 높은 자리에 올랐어.
공격하라!
와
와
그러면서도 욕심 없고 정직하게 살아서
'황금을 보기를 돌같이 하라.'는 아버지의 말씀을 잊지 말자.
번쩍
번쩍
백성들에게 많은 존경을 받았어.
정말 대단해!
최영 장군님, 멋져요.

그즈음 명나라가 고려의 철령 이북 땅을 내놓으라고 요구를 했어.
명
철령 이북
뭐라고? 말도 안 돼!
최영은 요동을 정벌하겠다는 계획을 세웠어. 그런데 최영과 이성계의 의견이 나뉘었어.
당장 요동을 정벌합시다!
명나라와의 전쟁은 피해야 합니다!
이성계
이성계는 어쩔 수 없이 요동 정벌에 나섰지만 위화도에서 군대를 돌렸어.
위화도
홱
난 이 전쟁 반댈세! 개경으로 돌아가자!
결국 최영은 이성계에게 목숨을 잃었어. 최영의 말대로 그의 무덤에는 오랫동안 풀이 나지 않았다고 해.
내가 만약 욕심을 냈다면 내 무덤에 풀이 날 것이고, 그렇지 않다면 내 무덤에 풀이 나지 않을 것이다.
휑
최영

최영은 수많은 전쟁을 치르며 홍건적과 왜구를 물리쳤어요.
고려를 끝까지 지키려고 했지만 결국 최영은 죽음을 맞았어요.
최영이 죽은 뒤 이성계는 새로운 나라를 세우기로 마음먹었어요.

37 높은 벼슬을 지낸 황희

시대	조선
출생-사망	1363년~1452년
직업	문신

황희가 젊었을 때, 하루는 땅을 갈고 있는 농부에게 물었어. 그러자 농부가 다가와 귓속말을 했어.
어느 소가 일을 더 잘합니까?
검정소가 더 잘합니다.
바싹

농부의 말에 황희는 깊이 깨달았어. 앞으로 말과 행동을 조심하기로 다짐했지.
소들도 귀가 있으니 자기를 흉보는 소리를 들으면 기분이 나쁠 것 아닙니까?
아!

그 후 황희는 열심히 노력해서 훌륭한 재상이 되었어. 그리고 조선의 태조, 태종, 세종까지 3명의 왕을 모셨어.
나랏일은 황희와 함께!

황희는 오랫동안 최고 벼슬인 영의정을 지내면서 나라를 위해 많은 일을 했단다.
영의정만 18년 동안 했어요. 이제 그만 쉬면 안 될까요?
절레 절레

38 청백리의 상징 맹사성

시대	조선
출생-사망	1360년~1438년
직업	문신

맹사성 역시 훌륭한 재상이야. 그리고 재물에 욕심이 없고 깨끗한 관리인 청백리로 유명해.
쏴아
비가 새는구나.
뚝 뚝
하루는 맹사성이 고향으로 내려가고 있었어. 마을의 현감은 맹사성을 맞이하려고 기다렸지.
맹사성 재상님
우리 마을에 오신 것을 환영합니다.
비켜라! 재상님께서 지나실 길이다!
느릿
느릿
현감은 허름한 차림의 맹사성을 몰라보고 함부로 대했어.
당장 저 노인을 쫓아내라!
그게 난데…….
현감은 나중에 그 노인이 맹사성이었다는 사실을 알고, 땅을 치며 후회했어.
큰일 났다. 이를 어쩐담?

39 조선 최고의 발명왕

장영실

시대	조선
출생-사망	?~?
직업	과학자

조선에는 엄격한 신분 제도가 있었어. 장영실은 그중 가장 낮은 노비 신분이었어.
영실아
네!
그런데 워낙 손재주가 좋아 소문이 자자했어.
참 쉽죠?
뚝딱
뚝딱
세종은 소문을 듣고 장영실을 궁궐로 불러들였어.
신분이 어때서? 능력이 더 중요하지.
성은이 망극하옵니다.
그뿐 아니라 더 많이 공부하라고 명나라로 유학을 보내 주었어.
가서 많이 보고 오너라.
네, 전하.
감동…

장영실은 조선으로 돌아와 열심히 과학 기구를 만들었어. 태양과 별, 달의 움직임을 관찰하는 혼천의와 간의,
이 안에 우주 있어요.
혼천의
간의
햇빛을 이용해 시각을 재는 해시계,
헉! 벌써 밥시간이네.
앙부일구
비 오는 날에도 사용할 수 있는 물시계는 모두 장영실이 만든 발명품이야.
자격루
뭘 좋아할지 몰라 다 만들어 봤어요.
이런 노력으로 장영실은 노비 신분에서 벗어나 높은 벼슬에 올랐단다.
안녕~
노비 문서
벼슬
노비

장영실은 노비 신분이었지만 어려서부터 손재주가 뛰어났어요.

세종은 그런 장영실의 능력을 알아보고 벼슬을 내려 주었어요.

장영실은 세종의 지원 아래 많은 과학 기구를 발명해 조선의 과학을 크게 발전시켰어요.

40 세조를 도운 신숙주

시대	조선
출생-사망	1417년~1475년
직업	문신

신숙주는 집현전 학자로 학문이 뛰어났어. 하루는 밤늦게까지 책을 읽다 잠이 들었지.
쿨쿨
깨어나 보니 세종의 옷이 덮여 있었어. 신숙주는 더욱 학문에 힘쓰고 충성을 다하기로 다짐했어.
감동~
전하…….
하지만 단종을 몰아내고 수양 대군(훗날 세조)이 왕이 되는 것을 도와 손가락질을 받았어.
오늘부터 세조 신하 1일!
배신자
이때부터 사람들은 녹두나물이 잘 변하는 것을 보고 '숙주나물'이라고 불렀다고 해.
쿵
쿵
이런, 신숙주처럼 쉽게 변했네.

41 세조를 왕으로 만든 한명회

시대	조선
출생-사망	1415년~1487년
직업	문신

어린 단종이 왕이 되자, 수양 대군은 호시탐탐 왕의 자리를 노렸어.
조선을 이끌 강력한 왕은 대군뿐입니다. 제가 돕겠습니다.
속닥 속닥
한명회는 권력을 얻기 위해 단종의 왕위를 빼앗는 난을 계획했어.
수양 대군을 왕으로 만들 사람, 여기 모여라!
결국 난은 성공했고, 수양 대군은 왕위를 차지했어.
왕위 내놔!
털썩
한명회는 그 공으로 높은 벼슬에 오르고 많은 재산을 얻었어. 그리고 딸들을 세조의 아들인 예종과 손자인 성종과 결혼시켰어.
큰 권력을 가졌으니 왕이 부럽지 않아.

42 군사들을 기르자고 한 이이

시대	조선
출생-사망	1536년~1584년
직업	문신, 학자

이이는 어릴 때부터 아주 똑똑했는데
3살 때 글을 깨칠 정도였어.
귀욤 귀욤
13살에는 진사라고 하는 시험을 보러 갔어.
어린아이가 시험을 보러 왔다고?
진사
네!
자신만만
이이는 답을 술술 써 내려갔어. 그러고는
시험에 척 붙었지.
헉!
술술
난 망했네.
아, 모르겠다.
그 후에도 과거 시험에서 9번이나 장원 급제를
했어.
진짜 천재다!
1번 붙기도 어려운데!

이이는 학문도 잘했지만 나랏일도 잘했어. 바른 정치를 위해 책을 써서 왕에게 올리기도 하고
고, 고맙소.
별말씀을요.
척!
전쟁에 대비해서 10만 명의 군사를 기르자고 주장했어.
나라를 지키기 위해 10만 군사를 길러야 합니다.
10, 10만 명이나?
십만양병설
하지만 다른 신하들의 반대로 이이의 주장은 받아들여지지 않았어.
지금 평화로운데 무슨 소리!
나도 반대!
안타깝게도 이이가 세상을 떠난 뒤 전쟁이 일어나고 말았어.
아, 그때 이이의 말을 들을걸.
전쟁이다! 조선으로 가자!

율곡 이이는 조선을 대표하는 성리학자 중 한 명이에요.

이이는 학문에도 뛰어났지만 백성들을 위한 정치에도 관심을 기울였어요.

그래서 선조에게 바른말을 하며 정치, 경제, 국방, 교육 등 여러 가지 개혁을 주장했어요.

43 조선의 뛰어난 성리학자 이황

시대	조선
출생–사망	1501년~1570년
직업	문신, 학자

이황은 서른이 넘어서 벼슬길에 올랐어.
그 뒤 4명의 왕을 모시며 큰 존경을 받았지.
중종
감사합니다.
명종
인종
선조
하지만 이황은 벼슬보다는 학문을 더 좋아했어.
이제 학문 길만 걷자.
신나
신나
학문
벼슬에서 물러나 고향으로 내려간 이황은 왕이 불러도 갖가지 핑계를 대며 가지 않았어.
전하께서 부르십니다.
없는 척
대신 바른 정치를 위해 성리학을 설명한 <성학십도>를 지어 선조에게 바쳤어.
성리학을 10개의 그림으로 쉽게 정리하니 보기 좋군.
흐뭇

이황은 고향인 안동에 도산 서당을 지었어.
여기서 지내면서 제자들을 가르치자.
도산서당
그러자 전국에서 사람들이 이황에게 배우기 위해 찾아왔어.
어서 와~
저를 제자로 받아 주세요.
도산서
선생님께 배우고 싶습니다.
또 학문에도 힘써 성리학의 한 이론인 '주리론'을 완성했어.
열심 열심
이가 기보다 더 중요해…….
주리론
이황의 학문은 일본에 전해져 일본의 성리학 발전에 큰 역할을 했어.
정말 대단하무니다!
이황의 성리학

퇴계 이황은 조선을 대표하는 성리학자 중 한 명이에요.

이황은 제자들을 기르기 위해 도산 서당을 지었는데, 이곳은 나중에 도산 서원이 되었어요.

훗날 이황의 학문은 이웃 나라인 중국과 일본에 큰 영향을 주었답니다.

44 풀과 곤충을 잘 그린 신사임당

시대	조선
출생-사망	1504년~1551년
직업	예술가

신사임당은 어려서부터 글공부를 좋아하고 똑똑했어.
우리 딸 글공부도 하고 그림도 그려. 하고 싶은 거 다 해.
똑똑
특히 그림에 뛰어난 재능이 있었어.
이게 어린아이가 그린 그림이라고?
깜짝
신사임당은 결혼하여 자기가 살던 오죽헌에서 자녀들을 낳았어. 그중 이이는 조선을 대표하는 성리학자야.
응애
자녀들을 모두 훌륭하게 키워 내서, 신사임당은 어질고 현명한 어머니로 불려.
엄마 최고
어머니를 닮아 우리도 재능이 많아.

하지만 신사임당은 시와 그림에 뛰어난 예술가이기도 했어.
예술혼 활활
좋아. 이번에는 가지다.
어느 날 한 부인이 비단 치마를 빌려 입었는데, 치마에 그만 음식 국물이 묻고 말았어.
빌려 입은 옷인데 이를 어째.
그러자 신사임당은 얼룩 위에 포도를 그려 주었어.
이 치마를 팔아 새 비단 치마를 사세요.
와, 너무 예뻐요.
신사임당이 그린 풀과 곤충 그림은 아름다워서 사람들에게 인기가 많았어.
인기 최고
여자도 할 수 있어요.

신사임당은 산수화(자연을 그린 그림), 화조화(꽃과 새 그림), 초충도(풀과 곤충 그림) 등을 모두 잘 그렸어요.

특히 신사임당의 초충도는 풀, 곤충, 채소, 과일, 꽃 등을 섬세하게 표현했어요.

뛰어난 예술가 신사임당과 아들 이이 모두 우리나라 지폐에 그려져 있답니다.

45 가장 먼저 의병을 일으킨
곽재우

시대	조선
출생-사망	1552년~1617년
직업	의병장

임진왜란이 일어나자 곽재우는 재산을 풀어 가장 먼저 의병을 일으켰어. 의병은 군인은 아니지만 나라를 위해 싸운 사람들이야.
나라를 위해 나가서 싸웁시다!
둥 둥
우리도 의병이 되겠습니다!
곽재우는 싸움에 나갈 때마다 붉은 옷을 입어서 '홍의 장군'이라고 불렸어.
나는 빨간색이 잘 어울려~
비록 적은 수의 의병이었지만 곽재우는 지역의 지형을 잘 이용해 기습 작전을 펼쳤고
자잔 공격하라!
어디에 숨어 있었지?
의병들에게 자신과 똑같은 옷을 입혀 적들을 혼란에 빠뜨렸어.
내가 곽재우다.
내가 진짜야.
잘 봐. 내가 진짜 곽재우라고.
누가 진짜 곽재우지? 그냥 찍자.

46 나라를 위해 목숨을 바친
조헌

시대	조선
출생-사망	1544년~1592년
직업	문신, 의병장

임진왜란이 일어나기 전 조헌은 선조에게 상소를 올렸어. 하지만 선조는 귀담아듣지 않았어.
휴
또 이런 상소를 올리다니 귀찮아 죽겠네.
왜군이 쳐들어올 것입니다. 전쟁에 대비해야 합니다.
임진왜란이 일어나자 조헌도 의병을 일으켰어.
저도요!
저도 전쟁에 나갈래요!
우리도 함께 싸우겠습니다!
우르르
조헌은 700명의 의병을 이끌고 청주에 있는 왜군을 물리쳤어.
우리가 청주성을 지켰다!
와!
청주성
하지만 안타깝게도 금산에서 용감하게 싸우다가 모두 목숨을 잃고 말았어.
죽기를 각오하고 끝까지 싸우자!
네!

47 진주 대첩을 승리로 이끈 김시민

시대	조선
출생-사망	1554년~1592년
직업	장군

진주는 경상도에서 전라도로 가는 중요한 곳이야.
진주성
진주성을 차지해야 많은 곡식을 얻을 수 있어.
휙!
어서 항복하는 게 어때?
왜군은 진주성을 빼앗으려고 3만여 명의 군사로 성을 에워싸고 사다리를 만들었어.
진주성
왜
우리 올라간다?
하지만 성안에는 고작 3,800명의 군사와 백성뿐이었어.
끙
이를 어쩌지?
왜
김시민은 성안에 사람이 많은 것처럼 보이게 하는 방법을 생각해 냈어.
그래, 바로 그거야!

먼저 성의 높은 곳에 수많은 깃발을 꽂고
흔들
흔들
저게 다 사람인가?
여자와 노인도 군사로 변장시켰어.
우리도 도움이 된다니 기뻐요.
군복 입은 게 얼마 만이야?
군사들과 백성들은 화살을 쏘고, 돌을 던지고, 끓는 물을 부으며 함께 싸웠어.
앗! 뜨거워!
아이코!
아야
있는 힘을 다해 싸운 끝에 결국 왜군은 많은 군사들을 잃고 물러났어.
흑! 진주성에는 군사들이 많나 봐. 그만 물러나자.

임진왜란이 일어나자 김시민은 왜군에 맞서 진주성을 지켰어요.

이 싸움을 임진왜란 3대 대첩 중 하나인 '진주 대첩'이라고 해요.

하지만 안타깝게도 김시민은 마지막 싸움에서 적이 쏜 총에 맞아 목숨을 잃고 말았어요.

48 조선을 구한 영웅

이순신

시대	조선
출생-사망	1545년~1598년
직업	장군

이순신은 수군을 지휘하는 전라 좌수사가 되자마자 전쟁을 준비했어.
군사들을 훈련시키고 거북선을 만들어라!
그리고 얼마 후 임진왜란이 일어났어. 이순신은 옥포 앞바다로 나가 첫 승리를 거두었어.
꽈광
그 후 이순신은 바다에 나갈 때마다 모든 싸움을 승리로 이끌었어.
마치 학이 날개를 펼친 듯 적을 둘러싸는 학익진 전법이다! 어디 맛 좀 봐라!
슬퍼하던 백성들은 이순신의 승리 소식에 전쟁에서 이길 수 있다는 희망을 갖게 되었어.
이순신 장군님이 또 승리했대!
이순신 장군님이 조선을 구했어!

이순신의 인기가 높아지자 시기하는 사람들도 늘어났어. 결국 이순신은 모함에 빠져 감옥에 갇히고 말았어.
정말 억울해…….
다행히 풀려났지만 남아 있는 배는 겨우 12척이었어. 이순신은 배 1척을 더 구해 싸우러 갔어.
신에게는 아직 12척의 배가 남아 있습니다.
불끈
명량 대첩에서 이순신은 13척의 배로 133척의 왜군과 싸워 또 한 번 크게 이겼어.
죽고자 하면 살 것이오, 살고자 하면 죽을 것이다!
와
하지만 노량 해전에서 돌아가는 왜군을 공격하다 그만 죽음을 맞고 말았어.
싸움이 급하니 나의 죽음을 알리지 말라.
흑흑! 장군님!

이순신은 거북선과 뛰어난 전법으로 한산도 대첩, 명량 대첩, 노량 해전 등에서 크게 승리했어요.

모든 바다 싸움에서 승리해 왜군을 벌벌 떨게 만들었지요.

하지만 마지막 노량 해전에서 적이 쏜 총에 맞아 숨을 거두고 말았어요.

49~55 조선을 다스린 태정태세문단세

시대	조선
시기	1392년~1468년
직업	왕

고려가 무너지고 새 나라 조선을 다스린 왕들이 있었는데
1
2
3
4
5
6
7
1대 태조 이성계는 위화도에서 군대를 돌려 권력을 잡았어. 그리고 조선을 세웠어.
내가 바로 조선의 왕이다!
2대 정종은 왕이 되었지만, 왕이 되고 싶어 하는 동생 이방원에게 왕위를 물려주었어.
왕 너 해. 난 편하게 살래.
네! 형님!
3대 태종 이방원은 아버지 태조가 막냇동생을 세자로 삼자, 난을 일으켰어. 하지만 왕이 된 후에는 나라를 잘 다스렸어.
내가 가장 공이 많은데! 막내 방석이를 그냥 살려 둘 수 없어.
형님, 제발 살려 주세요.

4대 세종은 백성을 사랑한 왕이야. 백성을 위해 농업과 과학 기술을 발전시키고, 새로운 글자인 훈민정음을 만들었어.
꾸벅 꾸벅
자나 깨나 백성 생각…….
5대 문종은 오랫동안 세자로 있으면서 아버지 세종을 도왔어. 하지만 왕이 된 후에는 일찍 세상을 떠났어.
아직 할 일이 많은데…….
6대 단종은 어린 나이에 왕이 되었어. 결국 삼촌인 수양 대군에게 왕위를 빼앗기고 말았지.
삼촌이 무서워.
벌벌
7대 세조는 조카 단종을 몰아내고 왕이 되었어. 비록 잘못을 저질렀지만 많은 업적을 남겼어.
걱정 마. 내가 잘 다스릴게.
홱

이성계는 고려를 무너뜨리고 새 나라 조선을 세웠어요.

1392년부터 1910년까지 약 500년 동안 27명의 왕이 조선을 다스렸지요.

그중 '태정태세문단세'는 1대부터 7대까지 일곱 왕의 앞 글자를 따서 부르는 말이랍니다.

56~61 단종을 위해 죽음을 무릅쓴 사육신

시대	조선
시기	1456년
직업	집현전 학자, 장군(유응부)

세조가 어린 단종을 몰아내고 왕이 되자 집현전에서 일하던 신하들은 크게 분노했어.
왕위를 빼앗다니 말도 안 돼!
문종께서 지켜 달라고 부탁했는데!
세종의 사랑을 받았는데 가만있을 수는 없어!
그래서 성삼문, 박팽년, 이개, 하위지, 유성원, 유응부는 단종을 다시 왕으로 세우기로 계획했어.
힘을 모아 단종을 다시 왕위에 올립시다!
이들은 잔칫날, 장군인 유응부가 세조를 없애기로 했어. 그런데 그만 계획이 들통나고 말았어.
이런, 들키고 말았구나!
당장 저놈들을 끌어내라!
결국 이들은 단종에 대한 충성을 지키다 죽음을 맞았어. '사육신'은 죽은 6명의 신하라는 뜻이야.
우리에게 왕은 단종뿐이다!
당당

62~67 단종에 대한 의리를 지킨 생육신

시대	조선
시기	1455년 이후
직업	학자, 문신

사육신 말고도 세조를 위해 벼슬을 할 수 없다며 의리를 지킨 신하들도 있어.
세조가 주는 벼슬은 싫어.
난 다 싫어!
세조가 있는 한양도 싫어.

그래서 김시습, 원호, 이맹전, 성담수, 조려, 남효온은 벼슬을 버리고 숨어 살았어.
전하…

김시습은 죽은 사육신을 몰래 묻어 주고 전국을 떠돌아다녔어.
벼슬에 나가지 않고 이렇게 살며 의리를 지킬래.

다른 이들은 사육신에 대한 책을 쓰고, 시골에서 조용히 지내고, 낚시를 하며 살았어. '생육신'은 살아 있는 6명의 신하라는 뜻이야.
충신들의 이야기를 알려야 해.
자연에서 책이나 읽자.
난 평생 낚시만 할래.

68 의로운 죽음을 선택한 논개

시대	조선
출생-사망	1574년~1593년
직업	의인

진주성에서 김시민 장군에게 크게 진 왜군은
진주성
반드시 복수할 거야.
찌릿
이듬해 다시 쳐들어왔어. 군사들과 백성들은 힘을 합쳐 싸웠지만 끝내 왜군을 막아 내지 못했어.
진주성을 공격하라! 이번에는 우리가 이긴다!
탕
탕
탕
왜군은 재물을 빼앗고 백성들을 마구 죽였어.
캬캬캬
살려 주세요!
왜군 장수들은 승리를 기뻐하며 촉석루에서 잔치를 열었어.
신나 신나
승리를 기뻐하자!

그러자 논개는 아름답게 꾸미고 잔치에 나갔어.
우아, 예쁘다.
예쁨
예쁨
논개는 왜군 장수를 바위 쪽으로 불렀어. 바위 아래에는 남강이 흐르고 있었지.
이쪽으로 오세요.
좋아 좋아
그때 논개가 갑자기 왜군 장수를 끌어안았어.
덥석
왜 그러느냐?
왜긴!? 왜군 하나라도 없애고 갈 것이다!
그러고는 바위 아래로 몸을 던졌어.
함께 가자!
으악

진주성을 빼앗긴 후 논개는 나라를 위해 왜군 장수를 죽이기로 결심했어요.

그러고는 아름다운 기생으로 분장해 왜군 장수와 함께 죽었어요.

사람들은 논개의 의로움을 기리며 논개가 뛰어내린 바위를 '의암'이라고 불렀어요.

69 행주 대첩을 승리로 이끈 권율

시대	조선
출생-사망	1537년~1599년
직업	장군

권율은 왜군에게 빼앗긴 한양을 되찾기 위해 한양과 가까운 행주산성으로 갔어.
행주산성
반드시 승리해서 한양을 되찾자.
3만이나 되는 왜군은 행주산성을 공격했어.
비록 왜군의 수가 많지만 우리에겐 화약 무기가 있어.
척 척
싸움이 시작되자 권율은 명령을 내렸어. 화차(화약 무기를 실은 수레) 공격에 왜군은 그대로 쓰러졌지.
피융 피융
화살과 쇠구슬을 쏴라!
으악!
하지만 왜군의 수가 너무 많고 화살마저 떨어지고 말았어.
장군님, 화살이 다 떨어졌습니다.
아! 이럴 수가……

그때 어디선가 외치는 소리가 들려왔어.
영차!
영차!
성안의 여자들이 행주치마에 돌을 담아 나르는 거야.
불끈
그래, 끝까지 싸우자!
군사들과 백성들은 힘을 합쳐 돌을 던지고, 끓는 물을 부으며 성을 지켜 냈어.
촤락
퍽!
으아악
왜군은 끝내 행주산성을 무너뜨리지 못하고 물러났단다.
권율 장군님 만세!
여러분 덕분에 이길 수 있었습니다. 감사합니다.

행주산성에서 권율과 군사들, 백성들은 힘을 합쳐 왜군을 크게 물리쳤어요.

이 싸움을 임진왜란 3대 대첩 중 하나인 '행주 대첩'이라고 해요.

권율의 뛰어난 전략, 화약 무기, 행주치마에 돌을 나른 용기 덕분에 싸움에서 승리할 수 있었어요.

4절에 나온 위인들

홍길동
임꺽정
삼학사
박문수
한석봉
김홍도
김삿갓
김정호
영조

정조
정약용
전봉준
김대건
황진이
홍경래
김옥균
안중근
이완용

70 동에 번쩍 서에 번쩍

홍길동

시대	조선
출생-사망	1443년~?
직업	도적

조선 시대에 유명한 도적들이 있는데 임꺽정, 장길산 그리고 홍길동이야.
임꺽정
장길산
홍길동
홍길동은 연산군 때 실제로 살았던 인물이야.
척
홍길동
이제 믿지?
그리고 소설 <홍길동전>의 주인공이기도 하지.
<홍길동전> 주인공은 나야 나!
둠칫
둠칫
조선의 역사를 기록한 <조선왕조실록>에도 홍길동의 이름이 10번 넘게 나와.
1500년 강도 홍길동을 잡았다.

홍길동은 도적 무리의 우두머리였어.
오늘은 아래 고을로 가자!
예! 두목!
대낮에 버젓이 관리의 옷을 입고 양반 행세를 하는가 하면
에헴! 내가 누군지 아느냐?
옷차림을 보니 높은 분이십니다.
작듯
관아를 마음대로 드나들면서 물건을 훔쳤어.
텅!
도둑이야!
홍길동은 나중에 붙잡혔는데, 그 뒤 어떻게 되었는지 기록이 남아 있지 않아.
홍길동이 죽었대.
몰라. 자세히 묻지 마.
살아 있다는데?

소설 〈홍길동전〉에 나오는 홍길동은 어머니의 신분이 낮아 벼슬에 나갈 수 없었어요.

그래서 도적이 되어 나쁜 관리들의 재물을 빼앗아 백성들에게 나누어 주었지요.

홍길동은 나중에 율도국이라는 나라의 왕이 되었어요.

71 의적으로 불린 임꺽정

시대	조선
출생-사망	?~1562년
직업	도적

임꺽정이 살던 때 백성들은 너무 살기 힘들었어. 흉년에다 전염병까지 돌아 굶어 죽을 지경이었지.
며칠째 굶었더니 너무 배고파.
그런데도 나쁜 관리들은 백성들에게 세금을 많이 걷어 갔어. 참다못한 백성들은 도적이 되었어.
아, 배부르다.
더는 못 참아. 도둑질이라도 해야지.
이대로 있다간 굶어 죽겠어.
임꺽정은 가장 낮은 신분인 백정이었어.
힘듦 힘듦
하지만 노비, 상인, 대장장이 등 다양한 사람들을 모아 도적 무리를 만들었어.
우르르
나와 함께합시다!

임꺽정은 백성들의 재물을 탐내어 빼앗는 탐관오리와 못된 양반들의 창고를 털어서
백성들로부터 가져왔으니 백성들에게 돌려주겠다!
잘못했어요.
싹싹
가난한 백성들에게 곡식을 나누어 주었어.
그래서 사람들은 임꺽정을 '의적'이라고 불렀어.
모두 쌀을 가져가세요.
의적 임꺽정 만세!
나라에서는 임꺽정을 잡으려고 애썼지만
그때마다 백성들이 임꺽정을 도와주었어.
관군이 찾고 있어요. 어서 피하세요!
고맙습니다.
하지만 임꺽정의 부하가 잡히면서 임꺽정도 붙잡히고 말았어.
흑! 제발 잡히지 않기를 바랐는데…….

임꺽정은 백정 신분으로 갈대로 바구니 만드는 일을 했어요.

탐관오리가 자기 욕심만 채우자 백성들은 어쩔 수 없이 도적이 되었어요.

그래서 임꺽정은 탐관오리의 재물을 빼앗아 가난한 백성들에게 나누어 주었고 '의적'이라고 불렸어요.

72~74 청나라에 항복을 반대한 삼학사

시대	조선
시기	1636년~1637년
직업	학자

청나라가 쳐들어오자 인조와 신하들은 서둘러 남한산성에 들어갔어.
병자 호란
어이쿠!
허겁지겁
신하들은 청나라에 항복하자는 편과 청나라와 싸우자는 편으로 갈라졌어.
일단 항복하고 뒷일을 생각해야지!
오랑캐에게 항복하자고? 끝까지 싸워야지!
씩씩
하지만 더 이상 버틸 수 없었던 인조는 결국 삼전도에서 항복하고 말았어.
흑흑! 항복하겠소.
그러자 청나라는 항복을 반대한 신하들을 청나라로 보내라고 요구했어.
항복을 반대한 신하들을 모두 잡아 와!

항복을 반대했던 홍익한이 청나라로 끌려가자 윤집과 오달제는 자신들도 가겠다고 나섰어.
저요! 저요! 제가 갈게요!
저도 갈게요!
청나라는 삼학사를 달래기도 하고, 협박하기도 하며 뜻을 돌리려고 했어.
우리랑 친하게 지내자. 안 그러면 혼난다?
홱
하지만 삼학사는 끝까지 뜻을 굽히지 않았어. 결국 죽음을 맞이하고 말았지.
우리는 절대 청나라에 항복하지 않는다!
휴… 어쩔 수 없군.
조선에서는 삼학사의 충성심을 기리며 뜻을 본받았어.
우리는 죽어서도 떳떳해요.
충성을 지켜 주어서 고맙소.

홍익한, 윤집, 오달제는 청나라에 항복을 반대하며 청나라와 싸우자고 주장했어요.

삼학사는 청나라에 끌려간 뒤에도 끝까지 뜻을 굽히지 않았어요.

이들은 절개를 지켜서 그 후 많은 사람들에게 존경을 받았어요.

75 백성들을 살핀
박문수

시대	조선
출생-사망	1691년~1756년
직업	문신, 어사

어사는 왕의 특별한 명령을 받고 지방을 다니는 관리야. 박문수도 어사로 활동했어.
나 대신 백성들을 살펴보고 오너라.
예, 전하.
지방에 가 보니 흉년으로 백성들이 굶주리고 있었어. 박문수는 백성들에게 자신의 곡식을 나누어 주었어.
너무 가슴이 아파. 내 곡식이라도 나누어 줘야겠다.
배고파
그리고 대신들에게도 곡식을 내놓으라고 했지.
제 곡식만으로는 부족합니다. 대신들도 함께해야 합니다.
인상 팍!
이런!
박문수 덕분에 영조는 백성들의 어려움을 자세히 알게 되었어.
모든 관리들의 월급을 줄여 백성들을 구해라!
머뭇 머뭇
예…

그래서 박문수는 백성들의 영웅이 되었어.
암행어사 박문수 덕분에 살기 좋아졌어.
역시 조선 최고의 암행어사는 박문수야.
A
원래 암행어사는 비밀리에 지방의 관리들을 감시하고 백성들을 살피는 관리야.
암행어사 출두요!
깜짝
박문수는 암행어사로 잘 알려져 있지만, 사실 암행어사는 아니야.
???
난 암행어사라고 한 적 없는데?
아마 백성들을 아끼는 마음 때문에 박문수가 암행어사라는 전설이 퍼진 게 아닐까?
I ♥ 백성
가난한 백성들 편이니 암행어사나 다름없어요.

박문수는 자신의 곡식까지 나누어 줄 정도로 백성들을 아꼈어요.

어사로 활동하며 나쁜 관리들을 엄하게 다스리고 백성들의 고통을 줄여 주었지요.

또한 왕에게도 바른말을 하며 영조를 도와 많은 일을 했답니다.

76 글씨를 잘 쓴 한석봉

시대	조선
출생-사망	1543년~1605년
직업	서예가

한석봉의 원래 이름은 한호야. 한석봉은 어렸을 때 집이 너무 가난해서 서당에 다니기 힘들었어.
하늘 천 따 지
서당
나도 서당에 가고 싶다…….
한석봉은 글씨 쓰기를 좋아했지만 먹과 종이를 살 돈이 없었어. 그래서 항아리나 돌 위에 물을 찍어서 글씨를 썼어.
이렇게 글씨 연습을 하면 돼.
삭
삭
한석봉의 어머니는 떡을 만들어 팔아 아들을 공부시키기로 했어.
맛있는 떡 사세요!
그리하여 한석봉은 글씨 공부를 위해 집을 떠나게 되었어.
10년 공부를 마치고 돌아오너라.
네, 어머니.

그러던 어느 날 한석봉이 3년 만에 집으로 돌아왔어.
왜 돌아왔느냐?
제 실력이 좋아 더는 배울 것이 없습니다.
어머니는 불을 끄고 서로의 솜씨를 비교해 보자고 했지.
나는 떡을 썰 테니 너는 글을 쓰거라.
자신 만만
탁탁탁
싹싹
불을 켜 보니 어머니가 썬 떡은 가지런한데 한석봉의 글씨는 삐뚤빼뚤했어. 한석봉은 돌아가서 더 열심히 공부했어.
아! 제가 잘못했어요.
부끄

한석봉은 어머니의 가르침을 깨닫고 돌아가서 열심히 공부했어요.

그리고 벼슬길에 올라 국가의 중요한 문서와 외교 문서를 쓰는 일을 했어요.

한석봉은 자신만의 독특한 글씨체로 유명한 명필(글씨를 잘 쓰는 사람)이 되었답니다.

77 풍속화를 그린 김홍도

시대	조선
출생-사망	1745년~?
직업	화가

김홍도는 어릴 때부터 그림을 잘 그렸어. 그래서 당시 유명한 화가인 강세황에게 그림을 배웠지.
홍도야, 잘 봐.
네, 스승님!
궁궐에는 그림을 그리는 관청인 도화서가 있었는데, 김홍도는 도화서에서 일하게 되었어.
김홍도입니다. 열심히 하겠습니다.
저 사람 천재래.
김홍도는 뛰어난 실력으로 영조와 정조의 초상화를 그리기도 했어.
와, 살아 움직이는 것 같아요.
진짜 살아 있으니까.
특히 정조는 김홍도의 그림을 무척 좋아했어.
그림에 관한 일은 모두 김홍도에게 맡겨라!
꾸벅
감사합니다.

김홍도는 초상화뿐만 아니라 풍경화, 동물화, 불교 그림 등 모든 그림을 잘 그렸는데
다 잘해서 고민이야.
그중 풍속화를 아주 잘 그렸어. 풍속화는 서민들의 생활 모습을 그린 그림이야.
누가 자꾸 지켜보는 것 같은데?
아무도 없어. 빨래나 해.
끙차
엿 사세요.
이겨라!
김홍도는 <서당>, <씨름>, <빨래터>, <벼타작> 등 서민들의 생활 모습을 많이 남겼단다.
조금만 참으세요.
저 언제까지 들고 있어요?
저도 계속 누워 있어요?
바들
바들

김홍도는 서민들을 주인공으로 해서 생활 모습을 재미있고 생생하게 표현했어요.

이 풍속화들은 조선 후기 사람들의 생활 모습을 알 수 있는 귀중한 자료예요.

그래서 김홍도는 신윤복과 함께 조선 후기를 대표하는 풍속화가로 꼽혀요.

78 전국을 떠돌아다닌 김삿갓

시대	조선
출생~사망	1807년~1863년
직업	시인

김삿갓의 원래 이름은 김병연이야. 김병연은 열심히 공부해서 과거 시험을 보러 갔어.
곰곰
홍경래의 난에 대해 쓰시오.
홍경래의 난에 대해 글을 썼는데, 이때 반란군에 항복한 김익순을 날카롭게 비판했어.
비겁한 김익순은 백 번 천 번 죽어도…….
쓱
쓱
이 글로 김병연은 과거에 합격했어.
야호! 합격이다. 기쁜 소식을 어머니께 알려야지.
합격자 김병연
그런데 어머니는 기뻐하기는커녕 갑자기 눈물을 흘렸어. 그 이유는…….
충격
그 사람이 네 할아버지야.
쿵!

할아버지 김익순이 죽고 나서 가족들은 숨어 살았고, 이 일을 비밀로 했어. 그래서 김병연이 그 사실을 몰랐던 거야.
이런, 할아버지를 욕하다니…….
김병연은 너무 부끄러워서 삿갓을 쓰고 다녔어.
나는 하늘을 볼 수 없는 죄인이야.
부끄
원래 이름도 버리고 자신을 '김삿갓'이라고 불렀지.
이름이 뭐예요?
김삿갓 입니다.
그러고는 전국을 떠돌아다니며 수많은 시를 남겼단다.
오늘도 발길 닿는 대로 가 보자.
터벅 터벅

김삿갓은 죄인의 손자인 것도, 할아버지를 욕해서 과거에 합격한 것도 모두 괴로웠어요.

그래서 그때부터 삿갓을 쓰고 전국을 떠돌아다니며 시를 썼어요.

사람들은 이리저리 떠돌아다니는 김삿갓을 '방랑 시인'이라고 불렀어요.

79 <대동여지도>를 만든 김정호

시대	조선
출생-사망	?~1866년
직업	지리학자

김정호는 어릴 때부터 정확한 지도를 만드는 것이 오랜 꿈이었어.
언젠가 제대로 된 지도를 꼭 만들 거야.
그래서 옛 지도를 보고 싶었지만 당시에는 지도를 아무나 볼 수 없었어.
옛 지도를 한번 볼 수 있을까요?
국가 비밀이라 안 된다니까!
힝
다행히 학자들의 도움으로 김정호는 옛 지도와 많은 자료를 볼 수 있었어.
마음껏 보시오.
감사합니다!
그리고 마침내 새 지도를 만들기로 결심했어.
엉터리가 많군. 내가 더 정확한 지도를 만들어야겠다.

김정호는 여러 지도와 지리서의 내용을 모으고, 잘못된 부분을 확인하며 지도 만들기에 매달렸어.
아저씨가 잘못된 것 같은데요?
여기 이 부분은 잘못됐군.
평생을 바쳐 연구한 끝에 드디어 <대동여지도>를 완성했어.
지도를 향한
내 피·땀·눈물!
그리고 많은 사람들이 볼 수 있도록 지도를 목판에 새겨 찍어 냈어.
서로 이어 붙이면 커다란 지도가 돼.

〈대동여지도〉는 모두 펼치면 가로 약 4m, 세로 약 7m 크기예요.

지도에는 산맥, 하천, 도로 등이 자세하게 표시되어 있어요.

그래서 오늘날의 지도와 거의 일치할 만큼 매우 정확하고 뛰어나답니다.

80 백성들을 사랑한 영조

시대	조선
출생-사망	1694년~1776년
직업	왕

시간이 흐르자 신하들은 여러 붕당으로 나뉘어 싸웠어. 붕당은 정치나 학문에 따라 만든 집단이야.
싸움은 이제 그만!
노론
소론
영조는 붕당을 가리지 않고 능력 있는 사람을 골고루 뽑는 탕평책을 펼쳤어.
여기서 한 명, 저기서 한 명. 골고루!
노론
소론
노
소
노
그래서 양쪽 붕당의 이야기를 모두 듣고
바쁘다 바빠
전하, 이러고저러고.
전하, 어쩌고저쩌고.
탕평책을 의논하는 자리에서 '탕평채'라는 음식을 먹었어.
다양한 색깔이 골고루 섞여 있어 맛있지 않소?
맛있습니다.
탕평채
더 주세요.

영조는 또한 백성들을 사랑한 왕이었어.
백성들이 세금으로 고통받자 세금을 줄여 주고
군포(옷감)를 반으로 줄여 줄게.
만세
싹둑
아무리 양반이라도 백성들을 함부로 벌줄 수 없게 했어.
내 백성들은 내가 지킨다.
삑!
감사합니다.
그리고 신문고를 다시 설치해 백성들이 억울한 일을 당하면 신문고를 쳐서 알리도록 했어.
둥! 둥!
억울합니다!
쫑긋
그렇게 오랫동안 왕의 자리에 있으면서 백성들을 위한 정치를 펼쳤단다.
83
조선의 왕 중 가장 오래 살았어.
장수 비결이 뭐지?

영조는 탕평책을 펼쳐 붕당 싸움을 없애려고 노력했어요.

또 세금을 줄이고 끔찍한 형벌을 없애고 신문고를 설치하는 등 백성들을 위한 정치를 했지요.

영조의 노력으로 나라가 안정되고 조선 후기의 문화가 발전했어요.

81 규장각을 만든 정조

시대	조선
출생-사망	1752년~1800년
직업	왕

정조는 왕이 되자마자 궁궐에 규장각을 세웠어.
창덕궁 후원에 규장각을 세워라!
규장각은 원래 왕실 도서관이었어. 정조는 이곳에서 책을 만들고 학문과 정책을 연구하도록 했어.
쉿! 규장각에서는 조용히.
규장각
본부인이 아닌 여자에게서 태어난 자식을 '서얼'이라고 하는데, 당시에 서얼은 신분 때문에 벼슬을 할 수 없었어.
서얼인 우리가 규장각 관리가 되었어!
임명장 규장각 관리 -정조-
열심히 공부 할게요.
규장각 관리들은 정조를 도와 열심히 학문을 연구하고 나랏일을 했어.
다들 열심히 하고 있소?
잠, 잠깐 쉬는 중이었습니다.
지금 하려고 했어요.

나는 결로
정조는 할아버지인 영조에 이어 탕평책을 펼치고
붕당에 관계없이 능력만 있으면 돼.
저요?
감동
나의 최종 선택은…
똑똑해서 직접 신하들을 가르치기도 했어.
배운 건데 왜 제대로 대답을 못 하시오?
벌벌
그, 그게 저…….
새로운 정치를 펼치고 싶었던 정조는 먼저 아버지의 무덤을 수원으로 옮겼어.
아버지…….
고맙구나.
그러고 나서 수원에 화성을 쌓아 새로운 도시를 만들었단다.
새로운 도시 수원 화성 완성
너무 뿌듯해.

정조는 왕이 되자마자 규장각을 만들고 능력 있는 사람들을 뽑았어요.
이곳에서 자신의 개혁 정치를 뒷받침할 신하들을 키웠지요.
그리고 새로운 도시 수원 화성을 건설해 조선을 새롭게 바꾸려고 했어요.

82 실학을 연구한 정약용

시대	조선
출생-사망	1762년~1836년
직업	문신, 실학자

정약용과 정조는 떼려야 뗄 수 없는 사이야. 정약용은 정조의 사랑을 듬뿍 받으며 규장각에서 열심히 일했어.
정약용이 있어 든든해. 내 맘 알지?
네, 전하.
특히 정조가 수원 화성을 지을 때 무거운 돌을 쉽게 들어 올리는 거중기를 만들었어.
거중기 등을 이용해 공사 기간을 줄일게요. 저만 믿으세요.
기대 기대
그러다 보니 정약용을 시기하는 신하들도 있었어. 그런데 정조가 갑자기 세상을 떠나고 말았어.
전하…….
흑!
그래서 정약용은 기나긴 유배 생활을 하게 되었어.
어느덧 18년이 지났구나.

유배지에서 정약용은 학문에 힘쓰고 부지런히 책을 썼어.
오늘도 쓰고, 내일도 써야지. 시간 가는 줄 모르겠네.
이때 수백 권의 책을 썼는데 그중 <경세유표>, <흠흠신서>, <목민심서>가 대표작이야.
작가 PICK
너무 많아서 세 개만 고르기 어려웠어요.
경세유표
흠흠신서
목민심서
특히 <목민심서>는 목민관이 지켜야 할 자세에 대해 쓴 책이야. '목민관'은 지방 수령이나 관리를 말해.
그득 그득
헉!
정약용이 쓴 많은 책에는 모두 백성들을 사랑하는 마음이 담겨 있어.
첫째도 백성, 둘째도 백성, 셋째도 백성이야.

실학은 백성들의 실제 생활에 도움이 되는 학문이에요.

정약용은 실학을 연구하면서 거중기 같은 기구들을 만들었어요.

그리고 힘든 유배 생활을 하면서도 부지런히 책을 써서 500권이 넘는 책을 남겼답니다.

83 동학 농민 운동을 이끈 전봉준

시대	조선
출생-사망	1855년~1895년
직업	동학 지도자

전봉준이 살았던 전라도 고부는 군수의 못된 짓이 심했어. 고부 군수는 백성들에게 이런저런 핑계를 대며 세금을 마구 걷어 갔어.
저 못된 탐관오리
어떻게 하면 돈을 더 걷지?
전봉준의 아버지는 고부 군수에게 따지러 갔다가 매를 맞고 목숨을 잃었어.
흑흑! 아버지…….
이 일로 전봉준은 동학을 믿게 되었어. 동학은 가난한 백성들이 믿던 종교로, 모든 사람은 평등하다고 했어.
사람이 곧 하늘!
오~
언젠가는 새로운 세상이 열릴 거야.
그런데도 고부 군수는 반성은커녕 여전히 백성들을 못살게 굴었어.
저수지 물을 썼으니 돈을 내!
참, 내 아버지를 위해 비석을 세울 거니까 그 돈도 내!

참다못한 전봉준은 농민들을 모아 고부 관아로 쳐들어갔어. 사람들은 키가 작은 전봉준을 '녹두 장군'이라고 불렀어.
백성들을 괴롭히는 탐관오리를 몰아냅시다!
녹두 장군을 따르자!
전봉준과 농민들은 무기를 나누어 갖고, 창고에 있던 곡식을 백성들에게 골고루 나누어 주었어.
줄 서세요! 쌀을 나눠 드려요!
녹두 장군 만세
하지만 나라에서 보낸 관리가 모든 잘못을 농민들에게 덮어씌우자, 전봉준은 다시 농민군을 모았어.
부르르
더는 못 참아!
전봉준은 농민군을 이끌며 용감하게 싸웠어. 고부에서 시작한 동학 농민 운동은 점점 세력을 넓혔어.
나쁜 관리를 벌주고 나라를 구하자!
와와

동학 농민군은 열심히 싸웠지만 끝내 지고 전봉준은 붙잡히고 말았어요.

'새야 새야 파랑새야 녹두밭에 앉지 마라. 녹두꽃이 떨어지면 청포 장수 울고 간다.'

사람들은 전봉준과 동학 농민군을 생각하면서 이 노래를 불렀어요.

84 우리나라 최초의 신부
김대건

시대	조선
출생-사망	1821년~1846년
직업	신부

김대건은 증조할아버지 때부터 천주교를 믿은 집안에서 태어났어.
안드레아!
네, 아버지.
신앙심이 깊었던 김대건은 마카오에 건너가서 신학 공부를 했어.
그대를 신부로 임명하노라.
아멘!
당시 조선에서는 천주교를 금지하고, 천주교를 믿는 사람을 엄하게 처벌했어.
천주교를 믿으면 목숨을 잃는 거 알지?
의심
뜨끔
왜냐하면 천주교에서는 모든 사람은 평등하다고 했기 때문이야.
양반이나 노비나 모두 똑같아.

마침내 신부가 된 김대건은 다시 조선으로 돌아왔어.
드디어 조선으로 간다. 가서 천주교를 전하는 데 힘쓰자.
김대건은 위험을 무릅쓰고 전국 방방곡곡을 돌며 천주교를 널리 알렸어.
천주교를 믿으세요.
아멘.
네, 신부님.
그러다 그만 관군에게 붙잡혀 감옥에 갇히고 말았어.
천주교를 버리면 풀어 줄게.
내 목숨은 빼앗을 수 있어도 내 신앙은 빼앗을 수 없다!
김대건은 끝까지 천주교를 믿으며 마지막 기도를 올렸어.
평온
저의 죽음이 이 땅에서 천주교의 밑거름이 되게 하소서.

천주교가 퍼지자 나라에서는 천주교를 믿는 것을 금지했어요.
이런 위험한 상황에서 김대건은 우리나라 최초의 신부가 되었어요.
김대건은 백성들에게 천주교를 전했고 자신의 신앙을 위해 목숨을 바쳤어요.

85 시와 노래에 뛰어났던 황진이

시대	조선
출생-사망	?~?
직업	기생

기생은 노래를 부르거나 춤을 추고 악기를 다루는 예술가였어.
노래, 춤, 악기.
이 정도는 기본이지!
기생 중에서도 황진이는 아주 유명한 기생이었어.
조선 최고의 기생으로 뽑힌 이유가 뭐라고 생각하세요?
그건…….
호호호
왜냐하면 시도 잘 쓰고 그림도 잘 그려서 진정한 예술가로 인정받았거든.
미모만큼이나 뛰어난 실력 때문이겠죠?
자기 자랑도 최고세요.
그래서 송도(개성의 옛 이름)의 세 가지 유명한 것 중 하나로 불렸어.
나는 뛰어난 학자.
나는 유명한 기생.
나는 멋진 폭포.
서경덕
황진이
박연폭포

황진이는 똑똑한 데다 아름다워서 반하는 사람이 많았어.
나에게 푹 빠졌군.
와, 예쁘다.
그러자 벽계수라는 사람은 황진이에게 빠지지 않을 것이라고 큰소리쳤어.
절대 황진이에게 안 넘어가!
자신만만
황진이는 벽계수를 찾아가 시를 지었어.
청산리 벽계수야
수이 감을 자랑 마라
일도창해하면
다시 오기 어려우니
명월이 만공산하니
쉬어 간들 어떠리
제가 지은 시 한번 들어 보세요.
그 모습에 벽계수는 그만 반하고 말았어. 그렇게 황진이는 많은 사람들의 사랑을 받았단다.
오, 너무 아름다워!
반할 줄 알았다니까.

황진이는 글, 그림, 노래, 춤 모두를 잘한 조선의 예술가예요.

그래서 서경덕, 박연 폭포와 함께 송도삼절(송도의 세 가지 유명한 것)로 불렸어요.

황진이가 지은 글은 오늘날에도 많은 사람들에게 읽히고 있답니다.

86 차별 없는 세상을 꿈꾼 홍경래

시대	조선
출생-사망	1771년~1812년
직업	반란 지도자

조선 후기에는 권력을 잡은 가문이 나라를 제멋대로 다스리고, 나쁜 관리들이 세금을 마구 거두었어. 백성들은 정말 살기 힘들었지.
돈을 더 걷어서 높은 벼슬을 사면 되겠군.
ㅋㅋㅋ
게다가 나라에서는 평안도 출신 사람들을 차별했어. 그래서 평안도 사람들은 능력이 있어도 높은 관리가 될 수 없었어.
평안도에서 태어난 게 죄야?
씩씩
평안도
홍경래도 평안도 사람이라는 이유로 과거 시험에서 번번이 떨어졌어.
휴! 또 떨어졌네.
결국 홍경래는 세상을 바꾸기 위해 10년 동안 반란을 준비했어. 그리고 마침내 반란을 일으켰어.
못 살겠다! 우리가 세상을 바꾸자!
척!

그러자 양반, 상인, 농민 등이 반란에 참여했고, 홍경래 세력은 점점 커졌어.
아무거나 시켜 주세요!
저는 돈을 낼게요.
나도 돕겠소!
홍경래 군대는 빠르게 10개 고을을 차지했어.
홍, 홍경래다! 도망가자!
샤샥-
관아
안 싸워?
관군이 공격하자, 홍경래는 정주성으로 들어가 성을 지키며 관군과 싸웠어.
정주성
차별 없는 세상을 위해 끝까지 싸우자!
흥! 언제까지 버티나 보자.
홍경래 군대는 열심히 싸웠지만, 100일 만에 관군에게 지고 말았어. 그런데 백성들 사이에 이런 소문이 돌았어.
그 소문 들었어? 정주성에서 죽은 홍경래는 가짜래.
응! 진짜 홍경래는 살아 있대.
제발

조선 후기에 세도 정치로 나라는 엉망이 되고 백성들은 살기 힘들었어요. 결국 차별받던 홍경래와 백성들은 세상을 바꾸기 위해 들고일어났어요. 비록 홍경래의 난은 실패했지만, 백성들은 스스로 세상을 바꿀 수 있다는 희망을 품게 되었어요.

87 갑신정변을 일으킨 김옥균

시대	조선
출생-사망	1851년~1894년
직업	정치인

김옥균은 일찍이 유학을 가서 일본의 발전한 모습을 보았어.
칙칙폭폭
여기가 서양이야? 일본이야?
개화는 발달된 문물을 받아들이는 것이야. 김옥균과 급진 개화파는 조선이 발전하려면 일본처럼 서양의 문물을 빠르게 받아들여야 한다고 주장했어.
빨리 서양의 문물을 받아들여야 합니다.
옳습니다.
급진 개화파
하지만 온건 개화파는 천천히 개화를 이루어야 한다며 이를 반대했어.
온건 개화파
급하게 먹으면 체해.
차근차근 개화해야 해.
결국 김옥균과 급진 개화파는 정변을 일으키기로 계획했어.
우리가 새로운 조선을 만듭시다!
일본도 우리를 돕겠다고 했어요.

우정총국(오늘날의 우체국)에서 개국 축하 잔치가 열리던 날, 급진 개화파는 불을 지르고 반대파를 제거했어.
첫째 날
불이야!
급진 개화파는 새로운 정부를 만들고 개혁 정책을 만들었어.
둘째 날
청나라의 간섭을 막아야 합니다.
신분 제도를 없애야 합니다.
탐관오리를 처벌해야 합니다.
그리고 개혁 내용을 발표했어. 드디어 조선을 바꿀 수 있다고 생각하던 그때
셋째 날
개혁안을 발표하겠습니다!
청나라 군대가 오고 있어요!
청나라 군대가 쳐들어오면서 정변은 3일 만에 끝나고 말았어. 김옥균은 가까스로 몸을 피해 일본으로 도망갔어.
흑! 이렇게 끝나다니…….

김옥균은 서양의 문물을 받아들여 조선을 잘사는 나라로 만들고 싶었어요.
그래서 급진 개화파와 함께 갑신정변을 일으켰지만 실패로 끝났지요.
갑신정변은 3일 만에 실패로 끝나 '삼일천하'라고 부른답니다.

88 나라를 위해 목숨을 바친
안중근

시대	조선~대한 제국
출생–사망	1879년~1910년
직업	독립운동가, 의병장

일본은 대한 제국의 외교권을 빼앗고 나라를 좌지우지했어. 일본의 감시가 심해지자 안중근은 독립운동을 위해 러시아로 갔어.
러시아로 가서 나라를 지키자.
러시아
그러던 중 우리나라를 빼앗는 데 앞장선 이토 히로부미가 만주에 온다는 소식이 들렸어. 안중근은 망설이지 않고 바로 움직였어.
기회는 이때다. 평화를 위해 이토 히로부미를 반드시 없애야 해.
만주 하얼빈역에 총소리가 울려 퍼졌어. 안중근은 총을 쏜 후 러시아어로 대한 만세를 외쳤어.
탕탕탕
코레아 우라! (대한 만세!)
안중근은 당당한 모습으로 재판을 받았어. 사형 선고를 받으면서도 결코 죽음을 두려워하지 않았단다.
이토 히로부미를 죽인 이유가 무엇이냐?
그는 동양의 평화를 해쳤다. 그러니 그를 죽인 것은 죄가 아니다.
맞는 말이야. 정말 대단해.
재판관
검사

89 나라를 팔아먹은 이완용

시대	조선~일제 강점기
출생-사망	1858년~1926년
직업	정치인

일본은 대한 제국의 외교권을 빼앗기 위해 조약을 맺으려고 했어. 고종은 조약에 반대했지.
대한 제국은 일본의 보호를 받아야 합니다. 앞으로 일본 허락 없이는 외국과 얘기하면 안 되고…….
씩씩
거부하오.
그러자 이완용이 나서서 일본 편을 들었어. 옆에 있던 대신들도 조약에 찬성했어.
이제 일본은 강한 나라입니다. 그러니 조약을 맺는 게 이롭지 않겠습니까?
맞소!
찬성!
결국 일본은 찬성한 대신들을 앞세워, 고종 없이 억지로 조약을 맺었어. 이게 바로 을사늑약이야.
축 을사늑약 체결
이 조약은 무효야!
짝짝
그래서 이들을 나라를 팔아먹은 다섯 명의 도적이라는 뜻으로 '을사오적'이라고 불렀어.
부와 권력을 누리면서 편하게 사는 게 뭐 어때?
나라 팔아먹은 놈!
친일파!
뻔뻔

5절에 나온 위인들

윤동주

지석영

손병희

유관순

안창호

방정환

이수일과 심순애

김두한

이상

이중섭

90 <별 헤는 밤>을 쓴 윤동주

시대	일제 강점기
출생-사망	1917년~1945년
직업	시인

윤동주는 문학을 사랑했어. 아버지는 문학 공부를 반대했지만, 끝내 윤동주의 결심을 꺾지 못했어.
허락하실 때까지 밥을 굶겠습니다.
어휴! 도대체 누굴 닮아 저럴까?
윤동주는 대학에 가서 시를 쓰며 열심히 문학을 공부했어.
정말 아름다운 시야. 나도 이런 시를 쓰고 싶어.
정지용 시집
하지만 나라를 빼앗긴 시대에 총과 칼을 들고 싸우지 못하는 자신이 너무 부끄러웠어.
너무 부끄러워.
서시
죽는 날까지 하늘을 우러러
한 점 부끄럼이 없기를,
잎새에 이는 바람에도
나는 괴로워했다.
(생략)

그러면서도 독립에 대한 희망을 잃지 않았어.
겨울이 지나면 내 나라에도 봄이 올 거야.
별 헤는 밤
(생략)
별 하나에 추억과
별 하나에 사랑과
별 하나에 쓸쓸함과
별 하나에 동경과
별 하나에 시와
별 하나에 어머니, 어머니,
(생략)
윤동주는 문학을 더 공부하기 위해 일본으로 유학을 갔어. 하지만 그곳에서 독립운동을 했다는 이유로 감옥에 갇히고 말았어.
너, 유학생들과 독립운동을 했지?
벌컥
윤동주는 감옥에서 숨을 거두었어. 꿈에 그리던 광복을 6개월 앞두고서 말이야.

윤동주는 나라를 빼앗긴 슬픔과 독립에 대한 희망을 시로 썼어요.

대표적인 작품으로는 〈서시〉, 〈또 다른 고향〉, 〈별 헤는 밤〉, 〈쉽게 쓰여진 시〉 등이 있어요.

윤동주의 시는 매우 아름다워 지금도 사람들에게 큰 사랑을 받고 있어요.

91 우리나라 최초로 종두법을 실시한 지석영

시대	조선~일제 강점기
출생-사망	1855년~1935년
직업	의사, 국어학자

지석영은 서양 의학에 관심이 많았어. 특히 영국의 제너가 쓴 종두법에 관한 책을 읽고 종두법에 대해 알게 되었어.
이런 방법이 있다니 놀랍군.
종두법은 천연두를 예방하기 위해 소에서 뽑은 면역 물질을 사람에게 접종하는 방법이야. 당시에는 천연두에 걸리면 목숨을 잃거나 얼굴에 흉터가 생겼어.
세상에!
때마침 지석영은 일본 의사가 쓴 종두법 책을 읽게 되었어.
종두법을 배우면 많은 사람들을 살릴 수 있을 텐데…….
탁!
종두귀감
그 후 지석영은 부산에 있는 일본 병원을 찾아갔어. 그곳에서 두 달 동안 열심히 공부해 종두법을 완전히 배웠지.
종두법을 배우고 싶습니다.
에?
열정 열정

집으로 돌아오는 길에 지석영은 어린 처남과 마을 아이들에게 종두법을 시험해 보았어.
우리나라 최초로 실시하는 종두법이야.
으앙
결과는 성공이었어.
흑흑!
다행이야. 부작용이 없어.
지석영은 종두법을 널리 퍼뜨리기 위해 일본으로 건너가 더 공부했어.
이제 많은 사람들에게 접종할 수 있어!
헤에~
돌아온 후에는 우두국을 설치해, 종두법을 실시하고 가르쳤단다.
천연두 예방 접종
따끔!
아야!
눈물 핑-

천연두는 한번 걸리면 마을 전체가 목숨을 잃을 정도로 무서운 전염병이었어요. 지석영은 종두법을 널리 알려서 많은 사람들을 천연두로부터 구해 냈어요. 한편 지석영은 한글 쓰기를 주장하며 한글 연구에 힘을 쏟기도 했어요.

92 민족 대표 33인 중 한 사람
손병희

시대	조선~일제 강점기
출생-사망	1861년~1922년
직업	천도교 지도자, 독립운동가

동학 농민 운동이 실패한 뒤 손병희는 동학의 제3대 교주가 되었어.
흑흑
전봉준 형님, 제가 동학의 뜻을 이어 가겠습니다.
손병희는 무너진 동학을 세우려고 했지만 조선과 일본의 탄압으로 쉽지 않았어.
조선을 부정하는 동학을 가만둘 수 없어!
동학
동학이라면 지긋지긋해!
그래서 동학을 다시 일으킬 방법을 찾기 위해 일본으로 건너갔어.
우리 민족도 머리를 깎고 간편한 옷을 입게 하자.
깔끔
그사이 동학의 몇몇 사람들이 친일 단체를 만들고 활동했어. 손병희는 곧바로 돌아와 동학 안의 친일파를 내쫓았어.
일본에 맞서 싸운 동학인데 감히 친일을 해? 당장 나가!
뻥!

그런 다음 동학의 이름을
'천도교'로 바꾸었어.
이제부터
동학이 아니고
천도교입니다.
천도교
동학
손병희는 나라를 구하려면 교육이 중요하다고
생각했어. 그래서 여러 학교를 운영하며
교육에도 힘썼어.
열심히 공부해서!
일본의 지배에서
벗어나자!
또한 3·1 운동을 계획하고 여러 사람들을
모았어.
우리가 만세를 부른다고
당장 독립이 되는 것은
아니오. 그러나 겨레의
가슴에 독립 정신을
일깨울 수 있소!
1919년 3월 1일 손병희는 다른 민족 대표들과
함께 독립 선언식을 했단다.
조선의
독립을
선언합니다!
대한 독립
만세

손병희는 천도교를 이끌며 독립을 위해 많은 노력을 했어요.

특히 민족을 대표하는 33명을 모아 독립 선언문을 낭독했어요.

이후 3·1 운동은 전국으로 퍼져 나갔고 많은 사람들이 참여하게 되었어요.

93 만세 운동을 이끈 유관순

시대	대한 제국~일제 강점기
출생-사망	1902년~1920년
직업	독립운동가

유관순은 이화 학당에 다니고 있었어. 만세 운동이 계속되자 일본은 모든 학교를 강제로 닫아 버렸어.
이러면 학생들이 만세 운동을 못 하겠지.
흥
이화학당
유관순은 고향인 천안으로 내려가 사람들에게 3·1 운동 소식을 알렸어.
우리도 나라를 되찾기 위해 뭔가 해야 해요!
그러자꾸나.
그런 다음 만세 운동을 계획하며 밤새 태극기를 만들었어.
쓱쓱
날이 밝자 유관순과 학생들은 아우내 장터에 모인 사람들에게 태극기를 나누어 주었어.
여러분, 함께 만세 운동을 해요!

1919년 4월 1일, 아우내 장터에 3,000명이 넘는 사람들이 모였어. 사람들은 유관순을 따라 만세를 불렀어.
대한 독립 만세!
그러자 일본 경찰은 사람들을 향해 마구 총을 쏘았어. 이때 유관순의 부모님도 목숨을 잃고 말았어.
아버지!
어머니!
악!
탕 탕
탕 탕
그리고 유관순도 붙잡혀 고문을 당했지.
나는 후회하지 않는다! 어떤 고문에도 굴하지 않는다!
유관순은 감옥에서도 만세를 부르다가 세상을 떠났단다.
대한 독립 만세!

유관순은 어린 나이에도 불구하고 독립을 위해 목숨을 바쳤어요.
그러다 일본의 모진 고문으로 18세의 꽃다운 나이에 세상을 떠나고 말았지요.
지금도 사람들은 나라를 위해 용기 있게 싸운 유관순 열사를 기리고 있어요.

94 민족을 위해 평생을 바친 안창호

시대	조선~일제 강점기
출생-사망	1878년~1938년
직업	독립운동가, 교육자

안창호는 독립 협회에서 일을 하며 뛰어난 말솜씨로 사람들에게 연설을 했어.
여러분, 우리 민족의 힘을 길러야 합니다!
짝
짝
짝
안창호는 더 많은 공부가 필요하다고 느끼고 미국으로 유학을 떠났어.
큰일을 하려면 더 많이 배워야 해.
그런데 미국에 도착해 보니 우리 동포들의 생활이 말이 아니었어.
우리 동포들이 힘든 일을 하며 겨우겨우 살고 있구나…….
안창호는 궂은일을 나서서 하며 동포들에게 용기를 주었어.
오렌지 한 개를 따더라도 정성껏 따는 것이 나라를 위하는 일입니다.
감동
궂은일도 마다하지 않으시네.
감동
우리를 깨우쳐 주시는구나.

국내로 돌아온 안창호는 비밀 독립운동 단체인 신민회를 만들었어. 신민회는 강연 활동을 하고 신문과 잡지, 책 등을 출판했어.
대한매일신보
또한 평양에 대성 학교를 세워 교육 운동을 벌이기도 했어.
독립을 이끌 인재들, 열심히 하거라.
네, 도산 선생님!
안창호는 일본의 감시를 피해 다시 미국으로 갔어. 그곳에서 '흥사단'이라는 단체를 만들고 모금 운동을 했어.
힘들게 번 돈을……. 대한민국 임시 정부에 꼭 전달하겠습니다.
나라를 되찾는 데 써 주세요.
저희도 힘을 보탤게요.
모금함
독립운동을 하던 어느 날, 안창호는 그만 일본 경찰에 붙잡히고 말았어.
나는 밥을 먹어도 독립을 위해 먹고, 잠을 자도 독립을 위해 잔다. 나는 앞으로도 독립운동을 계속할 것이다!
앞으로 독립운동을 하지 않겠다고 하면 풀어 주겠다.
찌릿

도산 안창호는 국내외를 오가며 다양한 독립운동을 했어요.

특히 우리 민족을 하나로 모으기 위해 평생을 바쳤지요.

안창호는 중국 상하이에서 대한민국 임시 정부를 세우는 데도 큰 역할을 했답니다.

95 어린이날을 만든 방정환

시대	대한 제국~일제 강점기
출생-사망	1899년~1931년
직업	아동 문학가

예전에는 어린이들이 함부로 불리고 제대로 보호를 받지 못했어.
애놈!
어린것!
방정환은 어린이가 나라의 미래라고 생각했어.
어린이를 잘 자라게 하는 것이 독립운동이야.
그래서 '어린이'라는 말을 처음으로 만들고
'늙은이', '젊은이'라고 하듯이 '어린이'라고 하자.
저요?
어린이의 행복을 위해 어린이날을 만들었어.
어린이를 생각하는 내 마음이야.
5월

또한 방정환은 어린이들을 위해 세계 명작 동화를 우리말로 바꿔 책으로 엮었어.
추운 겨울날 작은 소녀가 성냥을 팔고 있었어요.
성냥 사세요. 성냥 사세요…….
그리고 전국을 돌아다니며 어린이들에게 재미있는 이야기를 들려주었어.
깔깔깔
아이고 배야.
또 해 주세요.
끊임없이 어린이를 존중하자고 주장했지만
어린이는 어른보다 더 새로운 사람입니다. 어린이를 사랑으로 대해 주세요.
너무 일을 많이 한 탓에 젊은 나이에 눈을 감고 말았어. 방정환은 마지막까지 이런 말을 남겼어.
어린이를 두고 가니 잘 부탁해요.

당시에는 어린이들이 대접받지 못하고 가난과 배고픔에 시달렸어요.
방정환은 어린이를 나라의 미래로 보고 평생을 어린이를 위해 살았어요.
어린이날은 처음에 5월 1일이었다가 나중에 5월 5일로 바뀌었어요.

96~97

서로 사랑한
이수일과 심순애

시대	일제 강점기
시기	1913년~1915년
직업	주인공

이수일과 심순애는 서로 사랑해서 훗날 결혼을 약속했어.

지금은 가난하지만 꼭 행복하게 해 줄게요.
네!

하루는 심순애가 놀러 갔다가 부잣집 아들인 김중배를 만나게 되었어.

어머, 저 사람은 부자인가 봐.

김중배는 심순애를 보고 반하고 말았어. 그래서 보석을 건네며 고백했어.

나와 결혼해 주시오.
척
심쿵

그만 보석에 넘어간 심순애는 이수일을 버리고 김중배와 결혼했어.

김중배의 다이아몬드가 그렇게 좋더냐?
미안해요.

슬픔에 빠진 이수일은 돈을 벌기로 결심했어.
부르르
이게 다 돈 때문이야! 무슨 짓을 하든 부자가 될 거야!
그리고 많은 돈을 벌어 부자가 되었어.
돈을 빌렸으면 비싼 이자를 내야지!
홱
정말 지독해!
김중배와 헤어진 심순애는 이수일에게 용서를 빌었어. 하지만 이수일은 차갑게 돌아섰어.
흥!
놓아라!
제가 사랑한 사람은 당신뿐이에요.
결국 이수일은 심순애를 용서하고, 두 사람은 새 출발을 했어.
다 잊고 다시 시작해요.
네!

이수일과 심순애는 위인은 아니고 〈장한몽〉이라는 소설의 주인공이에요.

〈장한몽〉은 일본 소설을 우리나라에 맞게 바꿔 쓴 이야기예요.

이수일과 심순애의 사랑 이야기는 큰 인기를 끌어 연극과 영화로도 만들어졌어요.

98 장군의 아들로 불린 김두한

시대	일제 강점기~대한민국
출생-사망	1918년~1972년
직업	정치인

김두한은 독립운동가 김좌진 장군의 아들이야. 그래서 '장군의 아들'이라고 불렸어.
우리 아빠 멋져.
일제 강점기에 김두한은 서울 종로에서 주먹을 휘두르며 싸움을 일삼았어.
으쓱
조선 최고의 주먹맛이 어떠냐?
그렇지만 늘 아버지를 떠올리며 장군의 아들이라는 것을 자랑스러워했어.
아버지….
그래서 김두한은 일본 깡패를 혼내 주고 조선 사람들을 보호해 주기도 했어.
조선 사람들을 괴롭히면 가만두지 않겠다!
김두한이다! 걸음아 날 살려라!
우다다다

광복을 맞은 후 김두한은 여러 가지 사회 운동을 했어. 특히 공산주의에 반대하는 데 앞장서고
이 나라를 공산당으로부터 지켜야 해.
아이고 큰일 났네!
공산주의
국회 의원이 되어 정치에도 참여했어.
축 국회 의원 당선
하 하하
여러분, 감사합니다.
우리나라에서 이승만, 박정희 등이 권력을 잡고 제 마음대로 정치를 하는 독재가 일어나자
내가 하자는 대로 해! 내 마음대로 하게 법부터 고쳐!
김두한은 독재를 비판하다가 많은 어려움을 겪기도 했어.
독재 정권 물러가라!
독재 타도
끙!

김두한은 청산리 대첩에서 일본군을 크게 무찌른 김좌진 장군의 아들로 알려졌어요.

젊은 시절에는 조직폭력배의 우두머리였다가 이후에는 정치인으로 활동했지요. 주먹의 힘으로 의로운 행동을 해서 사람들에게 여러 가지 평가를 받아요.

99 시대를 앞선 천재 작가
이상

시대	일제 강점기
출생-사망	1910년~1937년
직업	시인, 소설가

원래 이상의 직업은 건축 기사였어. 이상은 학교를 졸업한 뒤 건축 일을 했어.
뚝 딱
뚝 딱
그러면서도 틈틈이 글을 써서 신문이나 잡지에 발표했어.
건축이면 건축, 문학이면 문학. 못하는 게 뭐야?
진짜 천재 아니야?
하지만 폐결핵을 앓게 되면서 이상은 건축 일을 그만둬야 했어.
콜록
콜록
이때부터 이상은 본격적으로 글쓰기에 매달렸어.
이제부터 문학을 제대로 시작하는 거야.

이상이 <오감도>라는 시를 발표하자
신문
오감도
13인의아해가도로로질주하오.
(길은막다른골목이적당하오.)
제1의아해가무섭다고그리오.
제2의아해도무섭다고그리오.
제3의아해도무섭다고그리오.
…
제13의아해도무섭다고그리오.
사람들은 거세게 항의했어.
이게 무슨 말이야?
띄어쓰기도 안 되어 있어!
13명의 아이는 뭐가 무서울까?
하지만 이후 발표한 소설 <날개>는 큰 화제를 일으켰어.
일제 강점기에 어려움을 겪는 우리 모습 같아.
아무것도 못하는 주인공이 안타까워.
<날개>는 어쩌면 꿈을 펼치고 싶은 이상의 마음이 아니었을까?
날개야 다시 돋아라.
날자. 날자. 날자. 한 번만 더 날자꾸나. 한 번만 더 날아 보자꾸나.

이상은 병으로 세상을 일찍 떠나고 말았어요.

이상이 살아 있는 동안에는 작품이 너무 어려워서 사람들이 이해하지 못했어요.

하지만 오늘날에는 새롭고 실험적인 작품을 쓴 천재 작가로 인정받고 있어요.

100 황소 그림을 그린 이중섭

시대	일제 강점기~대한민국
출생-사망	1916년~1956년
직업	화가

이중섭은 그림 공부를 더 하기 위해 일본으로 유학을 갔어. 그곳에서 소 그림으로 상을 받았어.
일본 화가 단체 공모전
짝 짝 짝
감사합니다.
유학을 마친 뒤에는 우리나라로 돌아와 일본 여인과 결혼을 했어.
우리 행복하게 살아요.
네.
6·25 전쟁이 일어나자 이중섭은 피란을 떠났어. 가난 속에서도 이중섭은 계속 그림을 그렸어.
펑!
얘들아, 어서 가자.
하지만 가난을 견디지 못한 아내는 두 아들과 함께 일본으로 떠나 버렸어. 결국 이중섭만 혼자 남게 되었지.
아빠가 꼭 성공할게. 그때 같이 살자.
흑흑! 아빠!

이중섭은 가족에 대한 그리움을 그림으로 표현했어.
보고 싶은 우리 가족…….
너무 가난해서 그림 그릴 종이를 살 수 없게 되자 이중섭은 담뱃갑 은종이에 그림을 그렸어.
이렇게 은종이에 송곳으로 그리면 돼.
직직
열심히 그림을 그려서 처음으로 전시회도 열었지만 기쁨도 잠시…….
힘찬 소가 마치 살아서 움직일 것 같아요.
행복한 아이들을 보니 나도 행복해져요.
몸과 마음이 병든 이중섭은 가족을 그리워하다 쓸쓸히 눈을 감고 말았어.
여보, 보고 싶어요. 얘들아, 보고 싶다.

이중섭은 소를 좋아해서 소 그림을 많이 그렸어요.

대표적인 작품으로는 〈흰 소〉, 〈황소〉 등이 있지요.

이중섭은 외롭고 힘든 삶을 살았지만 그가 남긴 그림들은 사람들에게 용기와 행복을 주어요.

대림아이
첫술에 배부른 역사 시리즈 03

만화로 보는
한국을 빛낸 100명의 위인들

초판 1쇄 인쇄 2025년 9월 10일
초판 1쇄 발행 2025년 9월 15일

글 문연정
그림 이창우
사진 제공 국립중앙박물관

펴낸곳 대림출판미디어
펴낸이 유영일
디자인 난나
마케팅 신진섭
등록 제2021-000005호
주소 서울시 영등포구 대림로34다길 16, 다청림 101동 301호
전화 02-843-9465
팩스 02-6455-9495
E-mail yyi73@naver.com
Tistory https://dae9495.tistory.com

ISBN 979-11-92813-31-8
979-11-92813-15-8 (세트)